Roussel & Seiter

H.M.S.

His Majesty's Ship

Les Naufragés de la Miranda

Dessin : Johannes Roussel
Scénario : Roger Seiter

casterman Ligne d'Horizon

DES MÊMES AUTEURS

H.M.S.
1. LES NAUFRAGÉS DE LA MIRANDA
2. CAPTUREZ LA DANAË !
3. LA MORSURE DU SERPENT
4. LE MYSTÈRE DE LA PERLE
Éditions Casterman

AUTRES ALBUMS DE ROUSSEL

INNUAT (collectif)
Éditions Paquet

AUTRES ALBUMS DE SEITER

Fog
1. LE TUMULUS
Prix découverte au festival de Sierre en 2000
Prix du meilleur scénario au festival de Chambéry en 2000
2. LE DESTIN DE JANE
3. LE MANGEUR D'ÂMES
4. LES SABLES DU TEMPS
5. LA MÉMOIRE VOLÉE
6. REMEMBER
7. WINTERTIME
En collaboration avec Cyril Bonin

Dies Irae
1. MALÉFICES
2. SACRIFICES

Dark
1. LA CRYPTE ÉCARLATE
2. L'ÉVEIL DU DÉMON
En collaboration avec Max et Isabelle Mercier

Mysteries
1. SEULE CONTRE LA LOI - première partie
2. SEULE CONTRE LA LOI - seconde partie

Wild River
1. LE RAID
En collaboration avec Vincent Wagner

Histoires Extraordinaires d'Edgar Poe
1. LE SCARABÉE D'OR
En collaboration avec Jean-Louis Thouard
Éditions Casterman

Merci à Christine pour son infinie patience.

À Jean Boudriot pour ses remarquables travaux sur la marine à voile.
À Éric l'Émaillet et Gérard Delacroix pour leurs conseils éclairés.

Johannes Roussel

www.casterman.com

ISBN 978-2-203-39304-2

Imprimé en France par PPO Graphic, 933500 Pantin. Dépôt légal : janvier 2005 ; D. 2005/0053/29.

SEPTEMBRE 1795 . . .
. . . UNE ESCADRE ANGLAISE TRAVERSE LE GOLFE DE GASCOGNE.
NOUS PORTONS TROP DE TOILE, MONSIEUR SMITH !... VEUILLEZ FAIRE RÉGLER LA VOILURE . . .
À VOS ORDRES ! SIR !. . .
LES HOMMES DANS LES HAUTS, MONSIEUR MC PHERSON !... FAITES RENTRER LES BONNETTES ET CARGUER LE PETIT HUNIER . . .
AYE AYE ! SIR !. . .

L'AMURE DE LA BONNETTE A LÂCHÉ !...
ATTENTION !
IL FAUT LA LIBÉRER !... AVEC LE GRAIN QUI SE PRÉPARE, NOUS NE POUVONS PAS RISQUER DES DÉGÂTS DANS LE GRÉEMENT !...

DEUX GARS AVEC MOI... LES AUTRES RESTENT DANS LA HUNE !... JE NE TIENS PAS À RISQUER DES VIES INUTILEMENT...
ON Y EST PRESQUE !
3

AAAAH !!!
...
ACCROCHE-TOI WOOD !
...
TIENS BON, MON GARS !... J'ARRIVE !...
CRRRRRR
NOOONNN !!!

MIRANDA
À DEUX MILLES DE LÀ, LA MIRANDA, UN DES MARCHANDS ESCORTÉS PAR LA DANAË, LUTTE ÉGALEMENT CONTRE LES ÉLÉMENTS DÉCHAÎNÉS...
ÇA Y EST, WONK !... C'EST FAIT !
MISS WENTWORTH...
VOUS N'AVEZ PAS RENCONTRÉ DE DIFFICULTÉS, COBBETT ?...
PAS LA MOINDRE !... DANS MOINS D'UNE HEURE, L'APPAREIL À GOUVERNER DE LA MIRANDA NE RÉPONDRA PLUS !...
VOUS DEVRIEZ VOUS HABILLER CHAUDEMENT, FLORA !... LA NUIT SERA LONGUE ET MOUVEMENTÉE !...
... MAIS DANS QUELQUES HEURES VOUS RETROUVEREZ VOTRE FIANCÉ... VOUS M'ACCORDEREZ QUE CELA MÉRITE QUELQUES SACRIFICES...

IL ME FAUT PLUS D'HOMMES DANS LES HAUTS, MONSIEUR CARSWELL . . .
. . . SINON, AVEC CE VENT, ON N'Y ARRIVERA PAS ! . . .
DES HOMMES ? . . . EH BIEN, SUIS-MOI ! . . .
ON VA ALLER SECOUER CES FAINÉANTS DE TRIBORDAIS QUI ROUPILLENT PENDANT QU'ON ABAT TOUT LE TRAVAIL ! . . .
GOOD LORD !

VOUS AVEZ DEUX MINUTES POUR VOUS RENDRE À VOS POSTES !...
...LE DERNIER SUR LE PONT S'EXPLIQUERA AVEC LE FOUET DU PRÉVÔT !...
...TIENS BYAM, PUISQUE TU AS BESOIN D'HOMMES DANS LA MISAINE, EMMÈNE DONC CES TERRIENS !
MAIS LA PRESSE VIENT TOUT JUSTE DE LES RAMENER À BORD... ILS NE ME SERONT D'AUCUNE UTILITÉ ! ...
BAH, IL FAUT BIEN QU'ILS APPRENNENT !... UN TOUR DANS LA MÂTURE EN PLEINE TEMPÊTE, ÇA VA LES AMARINER UN PEU !...
IL FAUT TE LEVER, PENDER ! ...SI TU NE MONTES PAS SUR LE PONT, ILS VONT TE FOUETTER !...
JE... JE NE PEUX PAS, FENTON !... JE N'AI PAS LA FORCE !...
MAIS TU ES BRÛLANT DE FIÈVRE !... JE VAIS PRÉVENIR LE MAÎTRE D'ÉQUIPAGE !...

AHHH !!!
VOUS N'AVEZ PAS ENTENDU LES ORDRES ? ... QU'EST-CE QUE VOUS ATTENDEZ POUR MONTER SUR LE PONT ?...
MON CAMARADE EST MALADE, SIR !... IL N'A PAS LA FORCE DE SE LEVER !...
MALADE ?!... IL SERA BIEN PLUS MAL EN POINT QUAND IL AURA REÇU LES DEUX DOUZAINES DE COUPS DE FOUET QU'IL MÉRITE !...
... SORS DE LÀ, ESPÈCE DE TIRE-AU-FLANC !...
MAIS TU VAS TE LEVER, SALOPARD !...
QUE SE PASSE-T-IL ICI ?...
CET HOMME REFUSE D'OBÉIR AUX ORDRES, SIR !...
B

CE MATELOT EST SURTOUT MALADE, CARSWELL !... SI VOUS L'ENVOYEZ DANS LA MÂTURE DANS CET ÉTAT, IL EST SÛR DE PASSER PAR-DESSUS BORD !...
... NOUS AVONS PERDU SUFFISAMMENT D'HOMMES AUJOURD'HUI !... CE GARÇON A BESOIN DE SOINS ! ENVOYEZ-LE AUPRÈS DE L'AIDE-CHIRURGIEN !...
AYE AYE ! SIR !...
... QUANT À VOUS AUTRES, GROUILLEZ-VOUS UN PEU !...
... LES VOILES NE VONT PAS SE RÉGLER TOUTES SEULES !
JE T'AI VU TIRER TON COUTEAU, MATELOT !... CARSWELL A BEAU ÊTRE UNE ORDURE, ÇA NE TE DONNE PAS LE DROIT DE LE TUER...
... CECI ÉTANT, J'APPRÉCIE UN HOMME QUI EST PRÊT À RISQUER SA VIE POUR DÉFENDRE UN CAMARADE... COMMENT T'APPELLES-TU ?
JOHN !... JOHN FENTON ! ...
TU T'ES FAIT CUEILLIR PAR LA PRESSE ?... TU ES UN TERRIEN, C'EST ÇA ?...
JE NE CONNAIS RIEN À LA MER !... CES SALAUDS M'ONT ENLEVÉ ET RAMENÉ À BORD IL Y A UNE DIZAINE DE JOURS ...
... ON NE PEUT MALHEUREUSEMENT RIEN Y CHANGER... MON NOM EST BYAM !... TU N'AS QU'À ME SUIVRE...
... JE VAIS T'EXPLIQUER CE QU'IL Y A À FAIRE !...

PENDANT CE TEMPS, À BORD DE LA MIRANDA...
COMMANDANT !... MONSIEUR ALLDAY VOUS FAIT DIRE QUE LES CHARPENTIERS N'ARRIVENT PAS À ÉTABLIR UN GOUVERNAIL DE FORTUNE !... IL Y A TROP DE HOULE !
SIR, NOUS PRENONS TOUTES LES VAGUES PAR LE TRAVERS ET LA CARGAISON S'EST DÉPLACÉE !... SEUL UN MIRACLE PEUT NOUS EMPÊCHER DE CHAVIRER !...
TRÈS BIEN MONSIEUR BONDEN !... FAITES METTRE LES CHALOUPES À LA MER...
...ET VEILLEZ À FAIRE EMBARQUER LES PASSAGERS EN PREMIER !...
10

J'AI PRIS CONNAISSANCE DE VOTRE RAPPORT MONSIEUR SHELDON !... ET JE TIENS À VOUS DIRE QU'UN TEL ACCIDENT EST INADMISSIBLE...
NOUS SOMMES RESPONSABLES DE LA VIE DE NOS HOMMES !... JE PEUX PARFAITEMENT COMPRENDRE QU'UN MALHEUREUX PASSE PAR-DESSUS BORD AU COURS D'UNE TEMPÊTE !...
MAIS DANS LE CAS PRÉSENT, TROIS BONS MATELOTS SONT MORTS À CAUSE D'UNE CRIMINELLE NÉGLIGENCE !...
JE NE PEUX TOLÉRER CELA !... J'EXIGE QUE LE QUARTIER-MAÎTRE RESPONSABLE DES MANŒUVRES SOIT SÉVÈREMENT PUNI !...
JE COMPRENDS SIR ! MAIS JE NE CROIS PAS QU'IL S'AGISSE D'UN ACCIDENT !...
QUE VOULEZ-VOUS DIRE ?...
J'AI ORDONNÉ UNE ENQUÊTE SIR !... VOICI L'EXTRÉMITÉ DU BRAS DU PETIT HUNIER !...
... CE CORDAGE NE S'EST PAS ROMPU, MAIS IL A ÉTÉ COUPÉ SIR !... ON DISTINGUE TRÈS NETTEMENT LES TRACES DE LA LAME !
VOUS PRÉTENDEZ QU'IL S'AGIT D'UN ACTE DÉLIBÉRÉ ?... QUELQU'UN À BORD AURAIT VOLONTAIREMENT PROVOQUÉ LA MORT DE SES CAMARADES ?

VOILÀ QUI EST PRÉOCCUPANT !... S'IL Y A UN CRIMINEL OU UN FOU À BORD, IL VA FALLOIR LE DÉMASQUER RAPIDEMENT !... SINON, NOUS AURONS LES PIRES DIFFICULTÉS À MAINTENIR LA DISCIPLINE !...
EST-CE QUE L'ÉQUIPAGE EST AU COURANT DE LA SITUATION ?...
NOUS N'AVONS MALHEUREUSEMENT PAS PU EMPÊCHER LA RUMEUR DE SE PROPAGER, SIR !...
LES PREMIÈRES HYPOTHÈSES SUR L'IDENTITÉ DU COUPABLE CIRCULENT DÉJÀ ET DES CLANS SE FORMENT...
...IL FAUDRA ÊTRE EXTRÊMEMENT VIGILANTS SI NOUS VOULONS ÉVITER LES AFFRONTEMENTS ET LES RÈGLEMENTS DE COMPTES !...
TRÈS BIEN MONSIEUR RHYS !... JE VOUS CHARGE DE L'ENQUÊTE !...
DANAE
AH, J'ALLAIS OUBLIER !... LA TEMPÊTE A DISPERSÉ LE CONVOI !... VOUS PLACEREZ DES VIGIES DANS LES HUNES POUR LOCALISER LA MIRANDA ET LE THAMES !...
À VOS ORDRES SIR !...
IL Y A ENCORE UN POINT QUE JE VOULAIS ABORDER, SIR !...
...C'EST À PROPOS DES TROIS DISPARUS ! LEURS CAMARADES ME DEMANDENT DE PROCÉDER À LA VENTE DE LEURS EFFETS AUJOURD'HUI MÊME !... M'EN DONNEZ-VOUS L'AUTORISATION SIR ?...
FAITES COMME VOUS L'ENTENDEZ, MONSIEUR RHYS !... VOUS ÊTES L'OFFICIER DE DÉTAIL DU VAISSEAU !... MAIS VU LES CIRCONSTANCES, IL ME SEMBLE INUTILE DE MÉCONTENTER L'ÉQUIPAGE !...
JE VOUS REMERCIE, SIR !...

...UN LOT DE TROIS CHEMISES EN TOILE...
J'EN OFFRE HUIT SHILLINGS !
HUIT SHILLINGS ET CINQ PENCE !...
HUIT SHILLINGS ET DIX PENCE !
PAS D'AUTRE OFFRE ?...
LE LOT EST ADJUGÉ À HUIT SHILLINGS ET DIX PENCE !...
TU PEUX M'EXPLIQUER CE QUI SE PASSE, BYAM ?...
C'EST LA TRADITION EN CAS DE DÉCÈS EN MER !... ON VEND AUX ENCHÈRES LES EFFETS DES TROIS MATELOTS TOMBÉS DE LA MÂTURE LA NUIT DERNIÈRE !...
L'OFFICIER DE DÉTAIL REMETTRA ULTÉRIEUREMENT LE PRODUIT DE LA VENTE AUX FAMILLES... ÇA LEUR FERA UN PEU D'ARGENT ET NOUS, ÇA NOUS PERMET DE COMPLÉTER NOTRE ÉQUIPEMENT À BON COMPTE !...
VIENT ENSUITE UNE PAIRE DE SOULIERS EN CUIR AVEC DES BOUCLES D'ARGENT !...
J'EN OFFRE SIX SHILLINGS !...
TU DISPOSES D'UN PEU D'ARGENT ?...
OUI !... POURQUOI CETTE QUESTION ?...
C'EST UNE BONNE OCCASION POUR T'ÉQUIPER !... TES VÊTEMENTS ACTUELS NE SONT PAS VRAIMENT ADAPTÉS À LA VIE EN MER !...
13

MAIS ATTENDS PLUTÔT LE LOT SUIVANT !...
POUR QUELLE RAISON ?...
IL VA VENDRE LES EFFETS DE WOOD !... C'ÉTAIT UN GABIER DE PREMIÈRE CLASSE !... SA SOLDE LUI PERMETTAIT DE S'OFFRIR DES VÊTEMENTS DE BIEN MEILLEURE QUALITÉ !...
ÉCOUTEZ-MOI TOUS !... MONSIEUR CARFAX, LE MAÎTRE D'ARMES, ME FAIT UNE OFFRE DE CINQ SOUVERAINS POUR CE COFFRE ET TOUT CE QU'IL CONTIENT !...
IL S'AGIT D'UNE OFFRE GÉNÉREUSE !... EST-CE QUE QUELQU'UN VEUT FAIRE UNE CONTRE-PROPOSITION ?...
ON NE PEUT PAS LAISSER FAIRE ÇA !... JE REFUSE QUE LES AFFAIRES D'UN GABIER AILLENT AU MAÎTRE D'ARMES ET À LA RACAILLE QUI L'ENTOURE !...
NOUS SOMMES SIX DE TON PLAT, BYAM !... ON N'A QU'À SE COTISER !...
MOI JE VEUX BIEN !... MAIS CINQ SOUVERAINS, C'EST UNE SOMME !... COMBIEN POUVEZ-VOUS METTRE ?...
S'IL N'Y A PAS D'AUTRE PROPOSITION, J'ADJUGE À...
UN INSTANT SIR !... J'OFFRE CINQ LIVRES, QUATORZE SHILLINGS ET CINQ PENCE !...

JE VAIS JUSQU'À SEPT SOUVERAINS !...
J'AI ASSEZ D'ARGENT !... SI TU VEUX, JE PEUX SURENCHÉRIR !
POUR LE DÉCOURAGER, IL FAUDRAIT PROPOSER PLUS DE DIX LIVRES. TU ES PRÊT À DÉPENSER UNE TELLE SOMME ?
C'EST JUSTE POUR RABATTRE LE CAQUET À CE PAON PRÉTENTIEUX !... ET PUIS, COMME TU ME L'AS FAIT REMARQUER, J'AI BESOIN DE RENOUVELER MA GARDE-ROBE !...
J'OFFRE DOUZE SOUVERAINS D'OR !...
J'AI UNE OFFRE À DOUZE SOUVERAINS !... MONSIEUR CARFAX ?...
QU'IL LE PRENNE !... JE NE PEUX PAS PAYER AUTANT...
JE VEUX SAVOIR QUI EST CET ABRUTI ET POURQUOI IL A FAIT ÇA !... EN TOUT CAS, IL NE PERD RIEN POUR ATTENDRE !...
JE M'EN OCCUPE SIR !...
VOILE À BÂBORD !
...
15

OHÉ DE LA DANAË !... LA MIRANDA A FAIT NAUFRAGE !... NOUS AVONS UNE DAME ET TROIS GENTLEMEN À BORD !...

DOUCEMENT MISS !... LAISSEZ-MOI VOUS AIDER !...
BIENVENUE À BORD MISS !...
JE VOUS REMERCIE, LIEUTENANT !...
JE DESCENDS DANS MA CABINE MONSIEUR SHELDON !... DÈS QUE LES NAUFRAGÉS SERONT EMBARQUÉS, VOUS DEMANDEREZ À MONSIEUR RHYS DE VENIR AU RAPPORT !...
À VOS ORDRES SIR !...

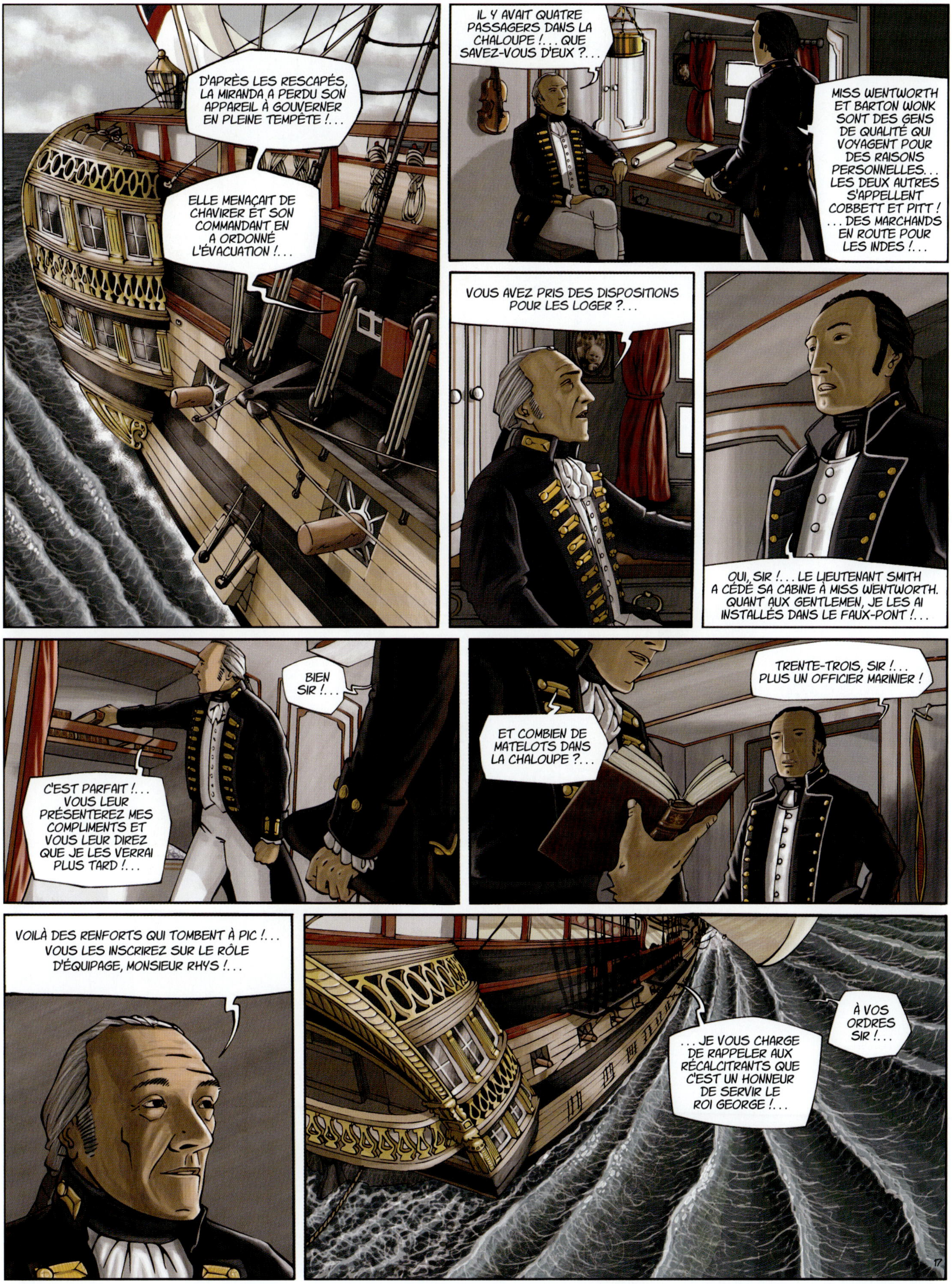
D'APRÈS LES RESCAPÉS, LA MIRANDA A PERDU SON APPAREIL À GOUVERNER EN PLEINE TEMPÊTE !...
ELLE MENAÇAIT DE CHAVIRER ET SON COMMANDANT EN A ORDONNÉ L'ÉVACUATION !...
IL Y AVAIT QUATRE PASSAGERS DANS LA CHALOUPE !... QUE SAVEZ-VOUS D'EUX ?...
MISS WENTWORTH ET BARTON WONK SONT DES GENS DE QUALITÉ QUI VOYAGENT POUR DES RAISONS PERSONNELLES... LES DEUX AUTRES S'APPELLENT COBBETT ET PITT ! ... DES MARCHANDS EN ROUTE POUR LES INDES !...
VOUS AVEZ PRIS DES DISPOSITIONS POUR LES LOGER ?...
OUI, SIR !... LE LIEUTENANT SMITH A CÉDÉ SA CABINE À MISS WENTWORTH. QUANT AUX GENTLEMEN, JE LES AI INSTALLÉS DANS LE FAUX-PONT !...
C'EST PARFAIT !... VOUS LEUR PRÉSENTEREZ MES COMPLIMENTS ET VOUS LEUR DIREZ QUE JE LES VERRAI PLUS TARD !...
BIEN SIR !...
ET COMBIEN DE MATELOTS DANS LA CHALOUPE ?...
TRENTE-TROIS, SIR !... PLUS UN OFFICIER MARINIER !
VOILÀ DES RENFORTS QUI TOMBENT À PIC !... VOUS LES INSCRIREZ SUR LE RÔLE D'ÉQUIPAGE, MONSIEUR RHYS !...
... JE VOUS CHARGE DE RAPPELER AUX RÉCALCITRANTS QUE C'EST UN HONNEUR DE SERVIR LE ROI GEORGE !...
À VOS ORDRES SIR !...
17

TOUT VA BIEN BYAM ?...
MONSIEUR MAC PHERSON, PUIS-JE VOUS PRÉSENTER UNE REQUÊTE ?...
UNE REQUÊTE ? OUI, BIEN SÛR !...
J'AI ENTENDU DIRE QU'AVEC L'ARRIVÉE DES MIRANDA, VOUS ALLIEZ RÉORGANISER LE RÔLE DE L'ÉQUIPAGE !...
C'EST EXACT !...
EH BIEN VOILÀ !... NOUS NE SOMMES QUE SEPT DANS LE PLAT ACTUELLEMENT ! IL ME MANQUE UN HOMME ET JE PENSAIS...
ET VOUS PENSIEZ ?...
IL Y A UN TERRIEN !... UN NOMMÉ JOHN FENTON !... J'AI COMMENCÉ À LE FORMER COMME GABIER !... ALORS, SI VOUS POUVIEZ L'AFFECTER À MON ÉQUIPE !...
POURQUOI PAS ?... S'IL VOUS CONVIENT !... POUR MOI, ÇA NE CHANGE RIEN, À PARTIR DU MOMENT OÙ VOTRE PLAT EST AU COMPLET...
TRÈS BIEN BYAM !... VOUS POUVEZ DIRE À VOTRE PROTÉGÉ QU'IL PEUT DÉPLACER SON HAMAC !... IL INTÈGRE VOTRE ÉQUIPE !
MERCI BEAUCOUP SIR !...

QUELQUES HEURES PLUS TARD...
TIENS, BYAM, PUISQUE TU FUMES, JE TE FAIS CADEAU DE CECI !... MOI, JE N'EN AI PAS L'USAGE !...
LES PIPES DE WOOD !... MERCI MATELOT, ÇA ME FERA UN SOUVENIR !...
EH BEN !... IL NE SE REFUSAIT RIEN, WOOD !... TU AS VU CETTE TABATIÈRE !...
TIENS ! REPRENDS-LA !... ELLE A TROP DE VALEUR POUR QUE JE PUISSE L'ACCEPTER EN CADEAU !...
GOOD LORD !...
CETTE TABATIÈRE ?!... SAIS-TU SI WOOD LA DÉTENAIT DEPUIS LONGTEMPS ?...
JE L'IGNORE !... JE NE L'AVAIS JAMAIS VUE !...
POURQUOI CETTE QUESTION ?... ÇA A DE L'IMPORTANCE ?... TU CONNAIS CET OBJET ?...
NON, NON !... JE SUIS JUSTE ÉTONNÉ DE TROUVER UN ACCESSOIRE DE GENTLEMAN DANS LES AFFAIRES D'UN SIMPLE GABIER !...
MAIS LAISSONS ÇA !... JE SUIS FATIGUÉ !...
LE TEMPS DE RANGER TOUT CE FATRAS ET JE VAIS ME COUCHER... UNE BONNE NUIT DE SOMMEIL ME FERA LE PLUS GRAND BIEN !

AU MÊME MOMENT, LE COMMANDANT FORESTER REÇOIT À SOUPER... COMME TOUJOURS, L'AMBIANCE EST UN PEU GUINDÉE...
LA TRADITION NAVALE VEUT QU'AU COURS D'UN TEL REPAS, ON NE PARLE PAS SANS Y ÊTRE EXPRESSÉMENT INVITÉ PAR LE COMMANDANT... LE CINQUIÈME LIEUTENANT SMITH L'EST RAREMENT...
... CE QUI LUI LAISSE LE LOISIR D'OBSERVER LE COMPORTEMENT DES AUTRES CONVIVES...
UN PEU DE CET EXCELLENT BOEUF, LIEUTENANT ? ...
JE VOUS REMERCIE, DOCTEUR !... JE N'AI PAS TRÈS FAIM !...
COMME À SON HABITUDE, SHELDON NE MANGE PRESQUE RIEN... SON ESTOMAC LE FAIT ENCORE SOUFFRIR...
... CROYEZ-MOI LIEUTENANT !... INVESTISSEZ DANS LES ACTIONS DE LA COMPAGNIE DES INDES !... LEURS DIVIDENDES FERONT DE VOUS UN HOMME RICHE !...
... PITT ET COBBETT... DE VULGAIRES MARCHANDS ENRICHIS PAR LE NÉGOCE... DES FORTUNES BÂTIES AVEC LE SANG DE BRAVES MATELOTS QUI N'AURONT CONNU DE LA VIE QUE L'ENFER DES NAVIRES DU ROI...

JE VOYAGE POUR MON PLAISIR COMMANDANT... POUR DÉCOUVRIR LE MONDE... QUAND VOUS RETOURNEREZ EN ANGLETERRE, PASSEZ DONC ME VOIR...
JE VOUS FERAI VISITER MON CABINET DE CURIOSITÉS...
... SUR UN NAVIRE DE GUERRE, LE COMMANDANT A UN STATUT DE MONARQUE ABSOLU... FORESTER N'APPRÉCIE GUÈRE D'ÊTRE TRAITÉ D'ÉGAL À ÉGAL PAR BARTON WONK...
MISS WENTWORTH, PERMETTEZ-MOI DE VOUS FAIRE PART DE MON ADMIRATION !... VOUS VOUS ÊTES REMARQUABLEMENT REMISE DE LA CRUELLE ÉPREUVE QU'A DÛ ÊTRE POUR VOUS CE NAUFRAGE !...
JE VOUS REMERCIE, DOCTEUR MC BRIDE !... MAIS JE N'AI AUCUN MÉRITE !...
C'EST SURTOUT GRÂCE À LA PRÉVENANCE ET À LA GALANTERIE DE TOUS CES GENTLEMEN !...
LE COMMANDANT NE SEMBLE GUÈRE APPRÉCIER LES REGARDS ADMIRATIFS ET ÉNAMOURÉS QUE LANCENT SES OFFICIERS À MISS WENTWORTH...
21
... IL SAIT PAR EXPÉRIENCE LES RAVAGES QUE PEUT FAIRE UNE JOLIE FEMME À BORD D'UN NAVIRE DE GUERRE... SURTOUT QUAND IL S'AGIT D'UNE AUSSI CHARMANTE CÉLIBATAIRE...
REVENEZ PARMI NOUS, MONSIEUR SMITH !... VOUS SEMBLEZ PERDU DANS VOS RÊVES !...
EXCUSEZ-MOI COMMANDANT !... JE PENSAIS AU NAUFRAGE DE LA MIRANDA !...
... LA MER EST SOUVENT CRUELLE QUAND ELLE DÉCIDE DE PRÉLEVER SON TRIBUT !...

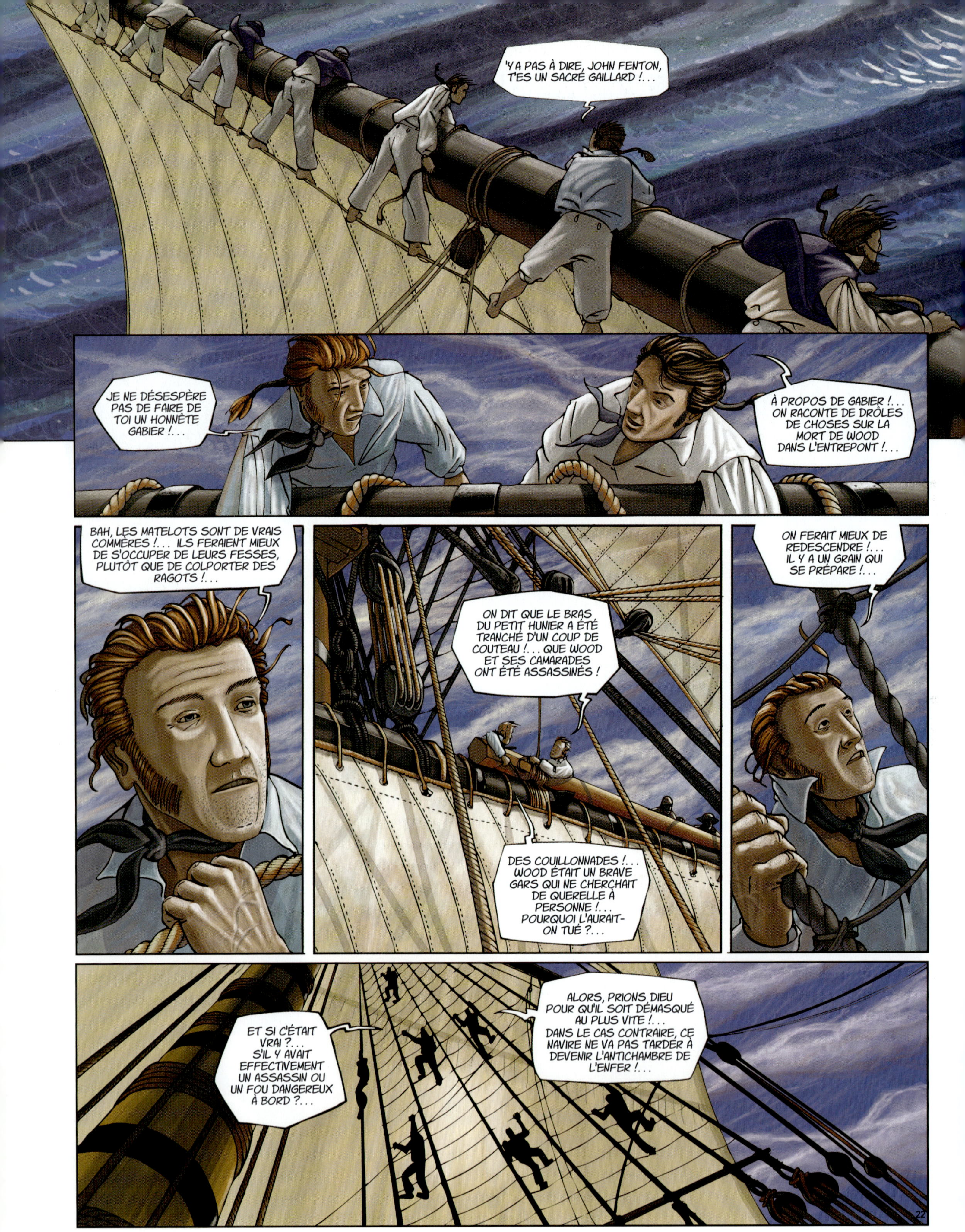
'Y A PAS À DIRE, JOHN FENTON, T'ES UN SACRÉ GAILLARD !...
JE NE DÉSESPÈRE PAS DE FAIRE DE TOI UN HONNÊTE GABIER !...
À PROPOS DE GABIER !... ON RACONTE DE DRÔLES DE CHOSES SUR LA MORT DE WOOD DANS L'ENTREPONT !...
BAH, LES MATELOTS SONT DE VRAIS COMMÈRES !... ILS FERAIENT MIEUX DE S'OCCUPER DE LEURS FESSES, PLUTÔT QUE DE COLPORTER DES RAGOTS !...
ON DIT QUE LE BRAS DU PETIT HUNIER A ÉTÉ TRANCHÉ D'UN COUP DE COUTEAU !... QUE WOOD ET SES CAMARADES ONT ÉTÉ ASSASSINÉS !
DES COUILLONNADES !... WOOD ÉTAIT UN BRAVE GARS QUI NE CHERCHAIT DE QUERELLE À PERSONNE !... POURQUOI L'AURAIT-ON TUÉ ?...
ON FERAIT MIEUX DE REDESCENDRE !... IL Y A UN GRAIN QUI SE PRÉPARE !...
ET SI C'ÉTAIT VRAI ?... S'IL Y AVAIT EFFECTIVEMENT UN ASSASSIN OU UN FOU DANGEREUX À BORD ?...
ALORS, PRIONS DIEU POUR QU'IL SOIT DÉMASQUÉ AU PLUS VITE !... DANS LE CAS CONTRAIRE, CE NAVIRE NE VA PAS TARDER À DEVENIR L'ANTICHAMBRE DE L'ENFER !...

JE DOIS ALLER AUX POULAINES !... TU PEUX ALLER NOUS CHERCHER DES CIRÉS ?...
BIEN SÛR !... ON SE RETROUVE PRÈS DU BEAUPRÉ !
HÉ, TOI !...
... JE PEUX SAVOIR CE QUE TU CHERCHES DANS MON COFFRE ?!
AHH !!!

MAIS QU'EST-CE QUE TU FICHES ? ... IL A FAILLI TE SURPRENDRE !
OH, ÇA VA !... JE N'AI PAS DEMANDÉ À LE FAIRE CE BOULOT ! ... EN TOUT CAS, IL N'Y A RIEN DANS LE COFFRE !...
IL L'A PEUT-ÊTRE SUR LUI ?...
J'AI TROUVÉ QUELQUE CHOSE !...
C'EST BIEN ELLE !...
OUCH !
ON VIENT !... VITE, FILONS !
24

TOUT VA BIEN JOHN ?...
J'AI L'IMPRESSION D'AVOIR PRIS LE GRAND MÂT SUR LA TÊTE !...
C'EST PENDER QUI M'A PRÉVENU ! ... IL LES AVAIT VUS RÔDER AUTOUR DE TON COFFRE !
TU LES AS RECONNUS ?!... QU'EST-CE QU'ILS VOULAIENT ?...
JE NE SAIS PAS !... ILS FOUILLAIENT DANS MON COFFRE !... ILS SEMBLAIENT CHERCHER QUELQUE CHOSE !...
PEUT-ÊTRE CECI ?!...
ELLE REPRÉSENTE QUOI, CETTE TABATIÈRE ?... TU NE M'AS MANIFESTEMENT PAS TOUT DIT À SON SUJET !...
MIRANDA
PLUS TARD BYAM !... DÈS QUE J'AURAI MOINS MAL AU CRÂNE, JE TE PROMETS, JE TE RACONTERAI TOUT !...
25

PENDANT CE TEMPS...
NOUS POUVONS Y ALLER SIR !...
TRÈS BIEN CARFAX !... JE VOUS SUIS !
JE ME SUIS ARRANGÉ POUR ÊTRE TRANQUILLE !
LA CUISINE A BESOIN D'UNE BARRIQUE D'EAU POUR LE SOUPER !...
COMPRIS !... ON S'EN OCCUPE !...
ON A COMMENCÉ PAR LES CALES AVANT !...
VOUS AVEZ RAISON !... AUTANT PROCÉDER AVEC MÉTHODE !...
JE VOUS EN PRIE SIR !... PASSEZ DEVANT ...
26

ALORS FENTON ! ... TON CRÂNE VA MIEUX ?...
JE VOIS QUE TU N'AS PAS RENONCÉ À ME TIRER LES VERS DU NEZ ! ...
NE PLAISANTE PAS FENTON !... L'HOMME QUI DÉTENAIT CETTE TABATIÈRE AVANT TOI EST MORT ET IL EST ÉVIDENT QUE TU ES TOI-MÊME EN DANGER ...
POUR TA PROPRE SÉCURITÉ, TU DOIS M'EN DIRE PLUS !...
TU AS PEUT-ÊTRE RAISON !... JE FERAIS MIEUX DE TE RACONTER TOUTE L'HISTOIRE !...
JUILLET 1795 ... LE MAIL-COACH DE PLYMOUTH ARRIVE À TEIGNMOUTH, DANS LE DEVON...
YOOOHHH !!!
POURQUOI CET ARRÊT ?... NOUS NE SOMMES PAS ENCORE À PLYMOUTH !...
QU'EST-CE QUI SE PASSE ? ...
UN PROBLÈME SUR UNE ROUE, SIR !... JE VAIS DEMANDER AU CHARRON DE JETER UN COUP D'ŒIL !...
C'EST GRAVE ?...
J'AI PEUR QU'IL NE FAILLE PASSER LA NUIT ICI !... NOUS REPARTIRONS DEMAIN MATIN !...
27

ÇA M'A TOUT L'AIR D'UN BOUGE !... ESPÉRONS QU'ILS AURONT DES CHAMBRES POUR TOUT LE MONDE !
BLACK BULL
IL EST BEAU, N'EST-CE PAS ?...
C'EST LA DANAË !... UN SOIXANTE-QUATORZE CANONS PRIS AUX FRANÇAIS IL Y A DEUX ANS !... UN SACRÉ BON NAVIRE !...
VOUS AVEZ SERVI À SON BORD ?...
OH NON !... J'SUIS BIEN TROP VIEUX !...
C'EST PAS COMME VOUS, SIR !...
MOI ?... MAIS JE N'AI PAS DU TOUT L'INTENTION DE PRENDRE LA MER !... JE VIENS TOUT JUSTE DE TERMINER MES ÉTUDES DE MÉDECINE !...
EN TOUT CAS, SI VOUS DESCENDEZ AU "BLACK BULL", ÉVITEZ DE SORTIR UNE FOIS LA NUIT TOMBÉE !...
POURQUOI DITES-VOUS ÇA ?...
LA DANAË MANQUE D'HOMMES, SIR !... SES COMMANDOS DE PRESSE ÉCUMENT LA CÔTE DEPUIS QUELQUES JOURS !... S'ILS VOUS METTENT LE GRAPPIN DESSUS, MÉDECIN OU PAS, ILS AURONT TÔT FAIT DE VOUS TRANSFORMER EN MARIN DE SA MAJESTÉ !...

BLACK BULL
MAIS C'EST SCANDALEUX !... JE NE VAIS TOUT DE MÊME PAS DORMIR DANS UN FAUTEUIL !...
JE SUIS DÉSOLÉ, SIR !... JE SUIS TOUT JUSTE EN MESURE DE LOGER CES DAMES !... LES GENTLEMEN DEVRONT PASSER LA NUIT DANS LA SALLE COMMUNE !...
Y A-T-IL MOYEN DE MANGER UN MORCEAU ?... JE MEURS DE FAIM !...
BIEN SÛR, SIR !... INSTALLEZ-VOUS DANS LA SALLE, JE VAIS VOUS SERVIR !...
...LA NOURRITURE ÉTAIT MODESTE, MAIS ACCEPTABLE... JE ME SENTAIS BIEN DANS CETTE AUBERGE ACCUEILLANTE ET BONDÉE...
...À LA TABLE VOISINE, QUATRE NOTABLES JOUAIENT AU WHIST... LA PARTIE SEMBLAIT HOULEUSE...
...SOUDAIN, LASSÉ DE PERDRE SANS DISCONTINUER, UN JOUEUR ABANDONNA LE JEU EN JETANT RAGEUSEMENT SES CARTES SUR LA TABLE...
...J'AIME BIEN LE WHIST... J'Y SUIS ASSEZ HABILE...
...ET JE N'AVAIS PAS GRAND-CHOSE À FAIRE DE MA SOIRÉE...
BONSOIR, GENTLEMEN !... MON NOM EST JOHN FENTON !... SI VOUS EN ÊTES D'ACCORD, JE PEUX REMPLACER VOTRE AMI POUR QUELQUES PARTIES...

MON PARTENAIRE S'APPELAIT BUTTERFIELD !... C'ÉTAIT UN JUGE À LA RETRAITE... UN HOMME JOVIAL ET OUVERT... NOUS ÉTIONS TOUS LES DEUX D'EXCELLENTS JOUEURS...
... ET NOS GAINS DEVINRENT RAPIDEMENT INTÉRESSANTS...
... NOS ADVERSAIRES SE TROUVÈRENT BIENTÔT À COURT DE LIQUIDITÉS ET LA PARTIE S'ARRÊTA AU BOUT DE DEUX HEURES...
... JE RANGEAI MES GAINS DANS MA CEINTURE DE VOYAGE ! ... EN PLUS DE SES SOUVERAINS, BUTTERFIELD AVAIT GAGNÉ UNE SUPERBE TABATIÈRE CHRYSÉLÉPHANTINE...
UNE PIÈCE MAGNIFIQUE !... PROBABLEMENT UN OBJET DE FABRICATION INDIENNE OU ORIENTALE...
LE JUGE ÉTAIT AUX ANGES ET A INSISTÉ POUR M'OFFRIR UNE BONNE BOUTEILLE DE VIN...
... NOUS SYMPATHISÂMES !... JE LUI EXPLIQUAI QUE JE VENAIS TOUT JUSTE DE TERMINER MES ÉTUDES DE MÉDECINE ET QUE MA PRÉSENCE À TEIGNMOUTH NE S'EXPLIQUAIT QUE PAR LES ALÉAS DES VOYAGES EN DILIGENCE...
... AYANT APPRIS QUE JE DEVAIS PASSER LA NUIT SUR UN BANC DE LA SALLE COMMUNE, IL ME PROPOSA GENTIMENT SON HOSPITALITÉ...
... NOUS QUITTÂMES L'AUBERGE PEU APRÈS, LÉGÈREMENT GRISÉS PAR LE VIN ET NOTRE ÉCLATANTE VICTOIRE AU WHIST...

HALTE !
... INUTILE DE JOUER LES HÉROS !... REMETTEZ-NOUS VOTRE ARGENT ET VOS OBJETS DE VALEUR ... ET VOUS AUREZ LA VIE SAUVE !...
... COMMENCE PAR DONNER CETTE TABATIÈRE TOI !...
SÛREMENT PAS, GREDINS !... VOUS NE SAVEZ PAS À QUI VOUS VOUS ADRESSEZ !... VOUS FINIREZ AU GIBET !...
FERME-LA, VIEILLARD !...
AAAHH!!!
ATTENTION, LE VIEUX EST ARMÉ ! ...
KRÂÂ
GROUILLE-TOI !... TOUS LES CULS-TERREUX AURONT ENTENDU LE COUP DE FEU !... ILS NE VONT PAS TARDER À NOUS TOMBER DESSUS !...

QUE SE PASSE-T-IL ?!...
KRÂÂ
REGARDEZ !... IL A TUÉ LE JUGE BUTTERFIELD !...
IL S'ENFUIT !... ARRÊTEZ-LE ! ...
... C'ÉTAIT VRAIMENT PAS MON JOUR DE CHANCE !... CINQ MINUTES PLUS TARD, JE SUIS TOMBÉ NEZ À NEZ AVEC LE COMMANDO DE PRESSE DE LA DANAË !...
ILS AVAIENT DÉJÀ CAPTURÉ CINQ OU SIX IVROGNES !... J'AI TENTÉ DE RÉSISTER ET ILS M'ONT PROPREMENT ASSOMMÉ !...
... LE LENDEMAIN, JE ME SUIS RÉVEILLÉ À BORD ! ... LA DANAË AVAIT REPRIS LA MER...
MAIS TU N'AS PAS PROTESTÉ ? ... APRÈS TOUT, TU ES MÉDECIN ! ... TU NE VAS TOUT DE MÊME PAS FINIR TA VIE COMME SIMPLE MATELOT !...
PROTESTER ?!... À QUOI BON !...
... ET PUIS AVEC CE QUI S'EST PASSÉ À TEIGNMOUTH, J'AI PRÉFÉRÉ RESTER DISCRET EN ATTENDANT D'EN SAVOIR PLUS !...
... J'AI D'AILLEURS ÉTÉ BIEN INSPIRÉ !... UNE SEMAINE PLUS TARD, LA DANAË A FAIT UNE COURTE ESCALE À PLYMOUTH !...
... UN QUARTIER-MAÎTRE A RAMENÉ UNE GAZETTE À BORD... LES AUTORITÉS AVAIENT RETROUVÉ MON BAGAGE ET AINSI PU ÉTABLIR MON IDENTITÉ...
... D'APRÈS L'ARTICLE, MA CULPABILITÉ DANS LE MEURTRE DU JUGE BUTTERFIELD NE FAISAIT AUCUN DOUTE !

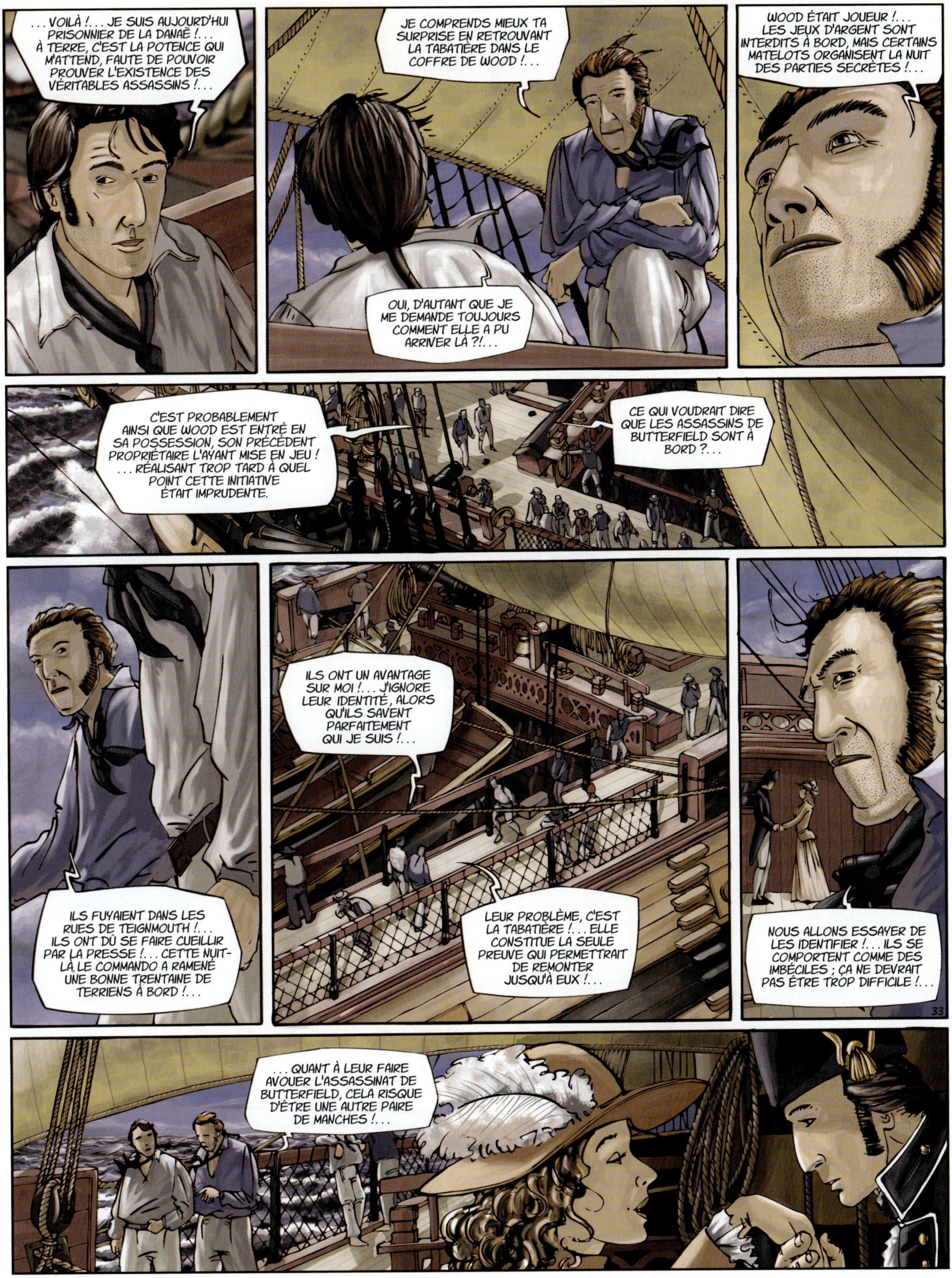
. . . VOILÀ !. . . JE SUIS AUJOURD'HUI PRISONNIER DE LA DANAÉ !. . . À TERRE, C'EST LA POTENCE QUI M'ATTEND, FAUTE DE POUVOIR PROUVER L'EXISTENCE DES VÉRITABLES ASSASSINS !. . .
JE COMPRENDS MIEUX TA SURPRISE EN RETROUVANT LA TABATIÈRE DANS LE COFFRE DE WOOD !. . .
OUI, D'AUTANT QUE JE ME DEMANDE TOUJOURS COMMENT ELLE A PU ARRIVER LÀ ?!. . .
WOOD ÉTAIT JOUEUR !. . . LES JEUX D'ARGENT SONT INTERDITS À BORD, MAIS CERTAINS MATELOTS ORGANISENT LA NUIT DES PARTIES SECRÈTES !. . .
C'EST PROBABLEMENT AINSI QUE WOOD EST ENTRÉ EN SA POSSESSION, SON PRÉCÉDENT PROPRIÉTAIRE L'AYANT MISE EN JEU ! . . . RÉALISANT TROP TARD À QUEL POINT CETTE INITIATIVE ÉTAIT IMPRUDENTE.
CE QUI VOUDRAIT DIRE QUE LES ASSASSINS DE BUTTERFIELD SONT À BORD ?. . .
ILS FUYAIENT DANS LES RUES DE TEIGNMOUTH !. . . ILS ONT DÛ SE FAIRE CUEILLIR PAR LA PRESSE !. . . CETTE NUIT-LÀ, LE COMMANDO A RAMENÉ UNE BONNE TRENTAINE DE TERRIENS À BORD !. . .
ILS ONT UN AVANTAGE SUR MOI !. . . J'IGNORE LEUR IDENTITÉ, ALORS QU'ILS SAVENT PARFAITEMENT QUI JE SUIS !. . .
LEUR PROBLÈME, C'EST LA TABATIÈRE !. . . ELLE CONSTITUE LA SEULE PREUVE QUI PERMETTRAIT DE REMONTER JUSQU'À EUX !. . .
NOUS ALLONS ESSAYER DE LES IDENTIFIER !. . . ILS SE COMPORTENT COMME DES IMBÉCILES ; ÇA NE DEVRAIT PAS ÊTRE TROP DIFFICILE !. . .
33
. . . QUANT À LEUR FAIRE AVOUER L'ASSASSINAT DE BUTTERFIELD, CELA RISQUE D'ÊTRE UNE AUTRE PAIRE DE MANCHES !. . .

DEUX JOURS PLUS TARD...
FENTON !... LE MAÎTRE CHARPENTIER TRAVAILLE SUR LE BEAUPRÉ !... VA LUI DIRE QUE L'OFFICIER DE QUART VEUT LE VOIR !...
À VOS ORDRES SIR !...
34

FENTON ! ! !...
BYAM !... ARRÊTE !... IL EST FICHU ! ...
DEUX HOMMES À LA MER ! ...
MIRANDA

ÇA Y EST, SIR !... IL REVIENT À LUI !...
QU'EST-CE QUI M'EST ARRIVÉ ?...
TU ES TOMBÉ DU BEAUPRÉ ET TU T'ES BLESSÉ DANS TA CHUTE !...
...TU PEUX REMERCIER TON CAMARADE, MATELOT !... IL A PLONGÉ POUR TE REPÊCHER !...
BON, J'AI D'AUTRES PATIENTS À VOIR !... NE LE FATIGUEZ PAS TROP !... IL A BESOIN DE REPOS !...
TU AS PLONGÉ ?!... T'ES COMPLÈTEMENT FOU !... J'AI TOUJOURS ENTENDU DIRE QU'UN HOMME QUI TOMBAIT À LA MER ÉTAIT PERDU !...
JE SAVAIS QU'ON REMORQUAIT LA CHALOUPE DE LA MIRANDA !... JE N'AI EU QU'À M'Y AGRIPPER !...
... MAIS LAISSONS CELA ! ...EST-CE QUE TU TE SOUVIENS DE CE QUI S'EST PASSÉ ?...
PAS VRAIMENT !... JE ME RAPPELLE JUSTE D'UN CHOC À LA TÊTE !... C'EST CE QUI M'A FAIT PERDRE L'ÉQUILIBRE !...
LE CHIRURGIEN ATTRIBUE TA BLESSURE À LA CHUTE !... MAIS CE QUE TU VIENS DE ME DIRE CONFIRME LES SOUPÇONS DE MON AMI SHAW !... QUELQU'UN A TENTÉ DE TE TUER !...

SHAW ET MOI SOMMES ORIGINAIRES DU MÊME VILLAGE !... JE LUI AI RACONTÉ CE QUI T'EST ARRIVÉ À TEIGNMOUTH !...
JE ME TROUVAIS SUR LE GAILLARD D'AVANT AU MOMENT DE TA CHUTE !... JE SUIS SÛR D'AVOIR ENTENDU UN COUP DE FEU !...
... PROBABLEMENT UNE ARME DE PETIT CALIBRE, AVEC UNE FAIBLE CHARGE DE POUDRE !... AVEC LE BRUIT DES VAGUES, IL FALLAIT ÊTRE À PROXIMITÉ POUR L'ENTENDRE !...
MAIS QUI AURAIT TIRÉ ?... SEULS LES OFFICIERS ET LES FUSILIERS DISPOSENT D'ARMES À FEU !...
NOUS PENSONS QUE LES ASSASSINS DU JUGE BUTTERFIELD ONT DES COMPLICES À BORD !...
... DES PROTECTEURS SUFFISAMMENT PUISSANTS POUR OSER ALLER JUSQU'AU MEURTRE !...
MAIS ÇA N'A AUCUN SENS !... POURQUOI UN MEMBRE DE LA MAISTRANCE OU UN OFFICIER PRENDRAIT LE PARTI DE VULGAIRES ASSASSINS ?...
JE NE SAIS PAS !... IL Y A VRAISEMBLABLEMENT DANS CETTE HISTOIRE DES ÉLÉMENTS QUI NOUS ÉCHAPPENT ENCORE !...
QUE DOIS-JE FAIRE ?... JE NE PEUX TOUT DE MÊME PAS RACONTER TOUT CELA À UN OFFICIER !...
... QUI D'AILLEURS, MÊME S'IL ACCEPTAIT DE ME CROIRE, SERAIT SÛREMENT DANS L'INCAPACITÉ DE PROTÉGER UN SIMPLE MATELOT CONTRE DE MYSTÉRIEUX ASSASSINS PRÊTS À TOUT !...
IL N'EST PAS QUESTION POUR L'INSTANT DE MÊLER CES MESSIEURS DE L'ARRIÈRE À TOUT ÇA !... J'AI QUELQUES AMIS À BORD !...
... AVEC LEUR AIDE ET CELLE DE SHAW, NOUS ALLONS ESSAYER DE RÉGLER CETTE AFFAIRE ENTRE MATELOTS !...
37

AU MÊME MOMENT, QUELQUE PART SUR LA CÔTE PORTUGAISE...
BONJOUR KARIM !... COMMENT ALLEZ-VOUS AUJOURD'HUI ?...
ARRÊTE DE ME NARGUER, CHIEN DE FRANÇAIS !... JE N'EN PEUX PLUS D'ÊTRE PRISONNIER DE CES MURS !...
...JE VEUX SORTIR D'ICI !!!...
TZING
JE VOUS SERAIS RECONNAISSANT DE RESPECTER LA VAISSELLE, KARIM !... JE LA PAIE DE MES PROPRES DENIERS !...
QUANT À VOTRE LIBÉRATION, VOICI UNE LETTRE DESTINÉE À VOTRE PÈRE !...
SI TU AS L'AUDACE DE TE PRÉSENTER DEVANT MON PÈRE, MÉCRÉANT, IL TE FERA ÉCORCHER VIF ET COUDRE DANS UNE PEAU DE CHÈVRE POUR TE LAISSER CREVER AU SOLEIL !...
AINSI PRÉSENTÉ, J'AVOUE QUE LE PROGRAMME EST TENTANT !... EN ATTENDANT, SI VOUS VOULEZ BIEN LIRE CETTE LETTRE !...
38
JE L'AI FAIT TRADUIRE EN ARABE !... VOUS N'AVEZ PLUS QU'À LA SIGNER !...
SI TOUT SE PASSE BIEN, VOUS SEREZ RAPIDEMENT LIBÉRÉ ET EN PLUS VOTRE PÈRE Y GAGNERA UNE MONTAGNE D'OR !...

NE FAITES PAS DE BRUIT !...
ILS ONT SÛREMENT PLACÉ UNE SENTINELLE !...
LE VOILÀ !... IL VA FALLOIR LE NEUTRALISER !...
39
JE M'EN OCCUPE !...
RRRRRRR
LE SHILLING, JE T'EN FAIS CADEAU !... MAIS SI TU VEUX RESTER EN VIE POUR LE BOIRE À MA SANTÉ, JE TE DÉCONSEILLE DE BOUGER, NE FÛT-CE QU'UN CIL !...
NOUS VOULONS PARLER À SNAITH !... SI TU NOUS CONDUIS À LUI SANS FAIRE L'IMBÉCILE, TOUT SE PASSERA BIEN !...

NOM D'UNE PUTE VÉROLÉE !...
DU CALME, SNAITH !... JE ME FOUS DE SAVOIR QU'IL Y A DES COUILLONS ASSEZ STUPIDES POUR VENIR SE FAIRE PLUMER ICI !... JE VEUX JUSTE TE PARLER !...
ME PARLER ?! ... VAS-Y, JE T'ÉCOUTE !...
C'EST À PROPOS DE WOOD !... JE SAIS QU'IL VENAIT JOUER CHEZ TOI !...
... JE CROIS SAVOIR QUE QUELQUES JOURS AVANT SA MORT, IL AVAIT GAGNÉ CETTE TABATIÈRE !... EST-CE QUE TU LA RECONNAIS ?...
PEUT-ÊTRE !... IL FAUT QUE JE VÉRIFIE !...
JE VEUX CONNAÎTRE LE NOM DE CELUI QUI L'A MISE EN JEU !... J'AI DE BONNES RAISONS DE PENSER QU'IL EST IMPLIQUÉ DANS LA MORT DE WOOD !...
JE NE TIENS PAS À ÊTRE MÊLÉ À TES AFFAIRES, MAIS WOOD ÉTAIT UN BRAVE TYPE !... DONNE-MOI QUELQUES JOURS ET TU AURAS TA RÉPONSE !...
40

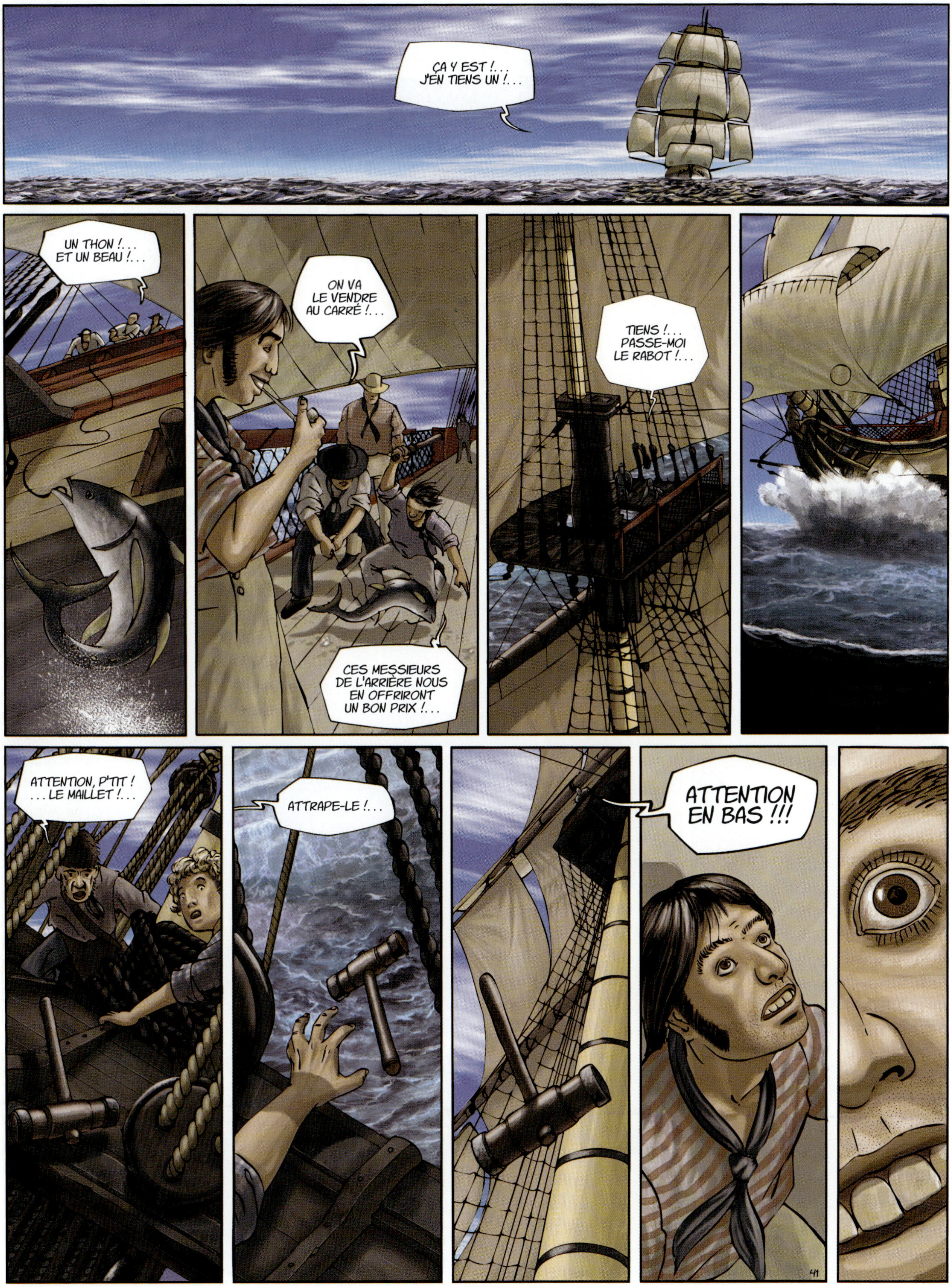
ÇA Y EST !... J'EN TIENS UN !...
UN THON !... ET UN BEAU !...
ON VA LE VENDRE AU CARRÉ !...
CES MESSIEURS DE L'ARRIÈRE NOUS EN OFFRIRONT UN BON PRIX !...
TIENS !... PASSE-MOI LE RABOT !...
ATTENTION, P'TIT ! ... LE MAILLET !...
ATTRAPE-LE !...
ATTENTION EN BAS !!!
41

PARIS, PRISON DU TEMPLE...
JE VIENS VOIR LA PRISONNIÈRE !
LA JEUNE ANGLAISE ?... SUIVEZ-MOI !
COMMENT VA-T-ELLE ?... J'AVAIS DONNÉ DES ORDRES POUR QU'ELLE NE MANQUE DE RIEN !...
NE VOUS INQUIÉTEZ PAS, CITOYEN !... ON LA TRAITE COMME UNE PRINCESSE !...
COMME UNE PRINCESSE ? ... PAR LES TEMPS QUI COURENT, JE NE SUIS PAS SÛR QUE DE TELLES PAROLES SOIENT DE NATURE À ME RASSURER !
OUI, ENFIN, C'EST UNE FAÇON DE PARLER !... EN TOUT CAS, ELLE MANGE MIEUX QUE MA PROPRE FILLE !...
VOILÀ CITOYEN ! ... JE VOUS LAISSE CONSTATER PAR VOUS-MÊME !...
BONJOUR MISS !...
AH, MONSIEUR DUPRAT !... QUE ME VAUT L'HONNEUR DE VOTRE VISITE ?... VOUS AVIEZ PEUR QU'EN VOTRE ABSENCE JE NE RETROUVE LE MORAL ET VOUS VENEZ ME RAPPELER MA TRISTE CONDITION ?...
NE SOYEZ PAS INJUSTE !... JE VOUS AI APPORTÉ DES FRUITS ET DU MIEL !...
INJUSTE ?!... DE LA PART D'UNE NATION QUI FAIT LA GUERRE AUX FEMMES, VOILÀ QUI EST COCASSE !...
MAIS NOUS NE FAISONS PAS LA GUERRE AUX FEMMES, TRÈS CHÈRE !... NOUS FAISONS LA GUERRE TOUT COURT !... J'AI D'AILLEURS UNE BONNE NOUVELLE À VOUS ANNONCER !...
VOTRE FRÈRE A ENFIN DÉCIDÉ DE SE MONTRER COOPÉRATIF !... SI TOUT SE PASSE COMME PRÉVU, VOUS SEREZ LIBRE D'ICI PEU !...
42

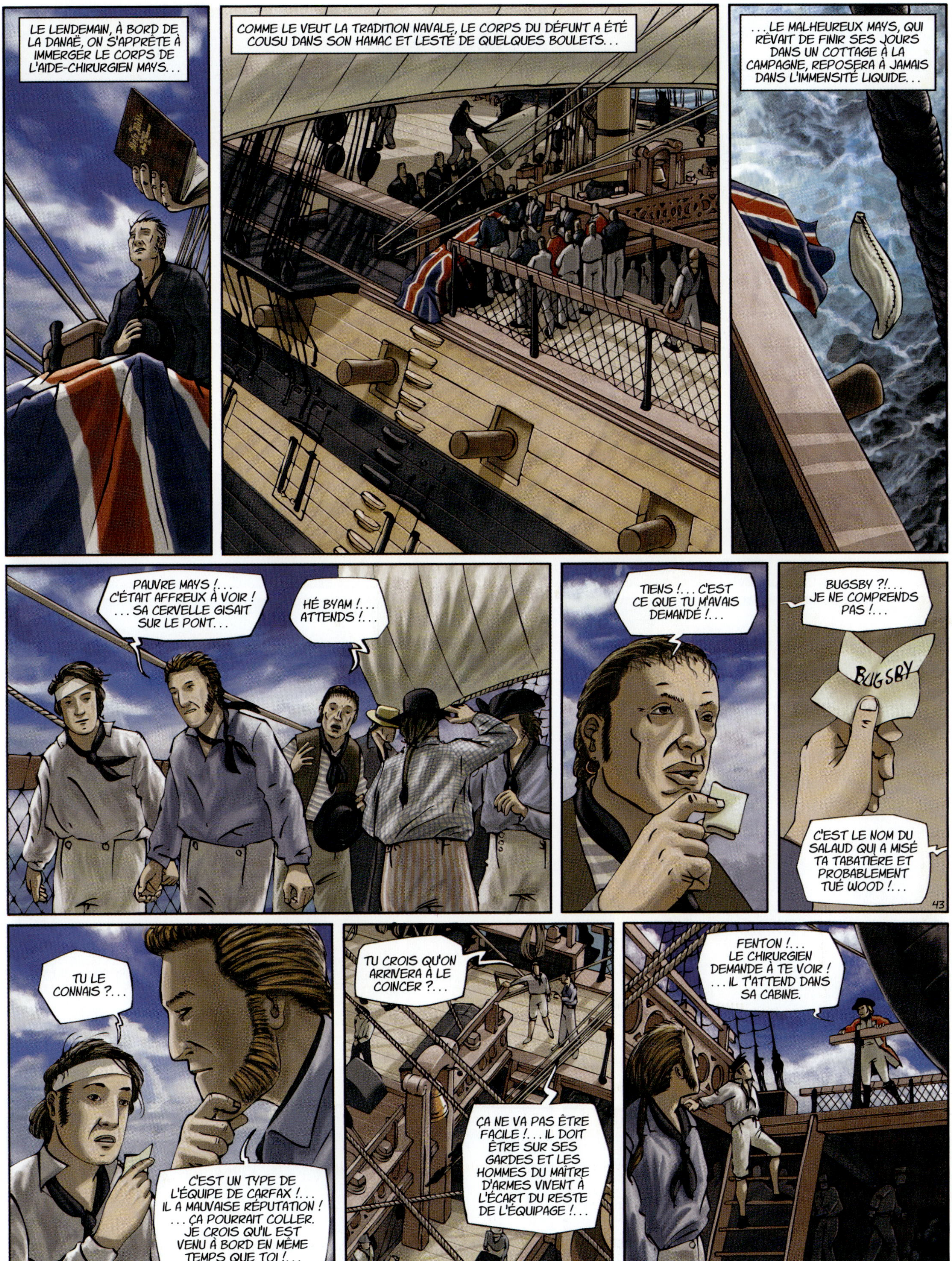
LE LENDEMAIN, À BORD DE LA DANAË, ON S'APPRÊTE À IMMERGER LE CORPS DE L'AIDE-CHIRURGIEN MAYS...
COMME LE VEUT LA TRADITION NAVALE, LE CORPS DU DÉFUNT A ÉTÉ COUSU DANS SON HAMAC ET LESTÉ DE QUELQUES BOULETS...
...LE MALHEUREUX MAYS, QUI RÊVAIT DE FINIR SES JOURS DANS UN COTTAGE À LA CAMPAGNE, REPOSERA À JAMAIS DANS L'IMMENSITÉ LIQUIDE...
PAUVRE MAYS !... C'ÉTAIT AFFREUX À VOIR ! ...SA CERVELLE GISAIT SUR LE PONT...
HÉ BYAM !... ATTENDS !...
TIENS !... C'EST CE QUE TU M'AVAIS DEMANDÉ !...
BUGSBY ?!... JE NE COMPRENDS PAS !...
BUGSBY
C'EST LE NOM DU SALAUD QUI A MISÉ TA TABATIÈRE ET PROBABLEMENT TUÉ WOOD !...
TU LE CONNAIS ?...
C'EST UN TYPE DE L'ÉQUIPE DE CARFAX !... IL A MAUVAISE RÉPUTATION ! ...ÇA POURRAIT COLLER. JE CROIS QU'IL EST VENU À BORD EN MÊME TEMPS QUE TOI !...
TU CROIS QU'ON ARRIVERA À LE COINCER ?...
ÇA NE VA PAS ÊTRE FACILE !... IL DOIT ÊTRE SUR SES GARDES ET LES HOMMES DU MAÎTRE D'ARMES VIVENT À L'ÉCART DU RESTE DE L'ÉQUIPAGE !...
FENTON !... LE CHIRURGIEN DEMANDE À TE VOIR ! ...IL T'ATTEND DANS SA CABINE.

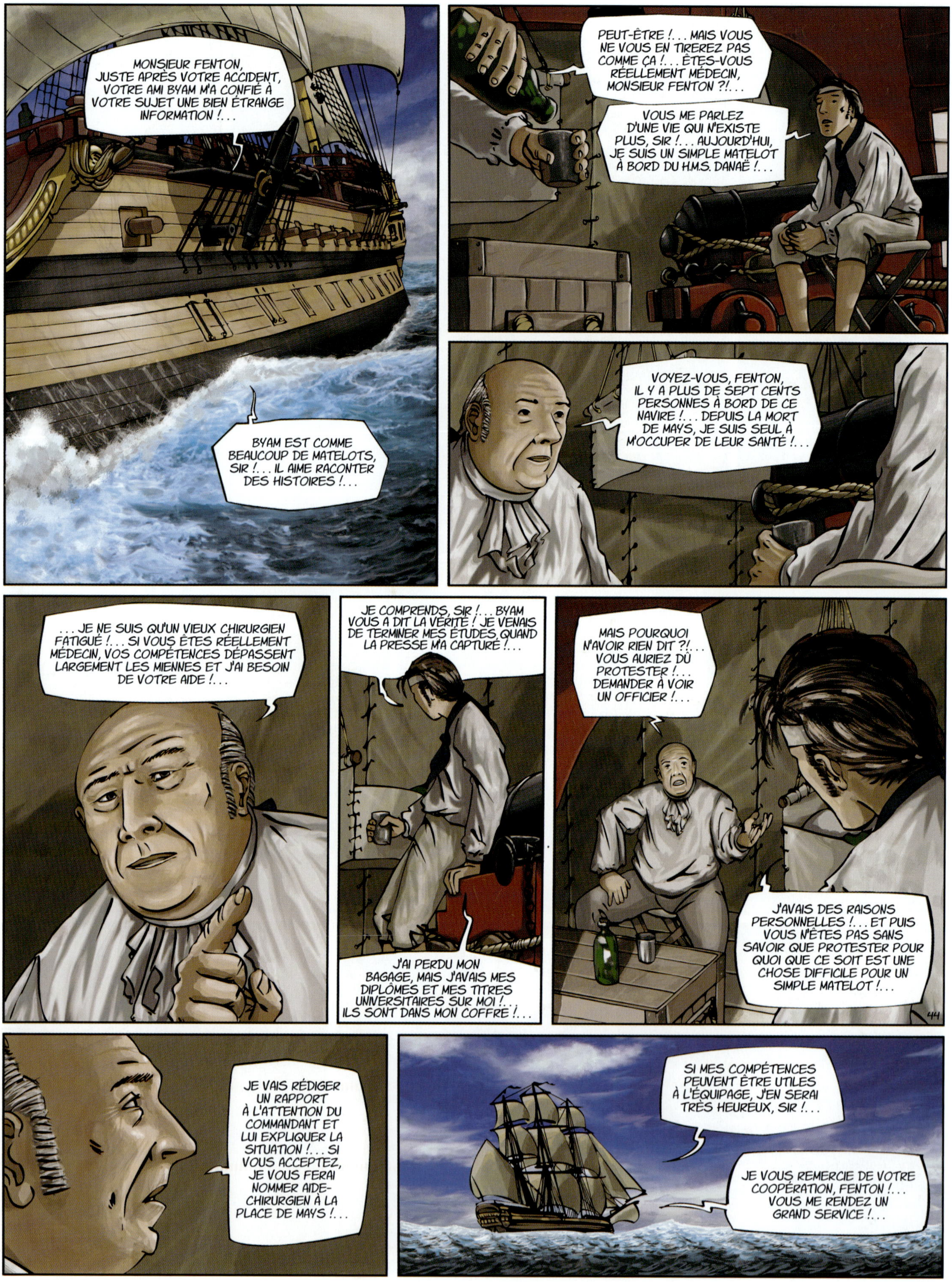
MONSIEUR FENTON, JUSTE APRÈS VOTRE ACCIDENT, VOTRE AMI BYAM M'A CONFIÉ À VOTRE SUJET UNE BIEN ÉTRANGE INFORMATION !...
BYAM EST COMME BEAUCOUP DE MATELOTS, SIR !... IL AIME RACONTER DES HISTOIRES !...
PEUT-ÊTRE !... MAIS VOUS NE VOUS EN TIREREZ PAS COMME ÇA !... ÊTES-VOUS RÉELLEMENT MÉDECIN, MONSIEUR FENTON ?!...
VOUS ME PARLEZ D'UNE VIE QUI N'EXISTE PLUS, SIR !... AUJOURD'HUI, JE SUIS UN SIMPLE MATELOT À BORD DU H.M.S. DANAË !...
VOYEZ-VOUS, FENTON, IL Y A PLUS DE SEPT CENTS PERSONNES À BORD DE CE NAVIRE !... DEPUIS LA MORT DE MAYS, JE SUIS SEUL À M'OCCUPER DE LEUR SANTÉ !...
... JE NE SUIS QU'UN VIEUX CHIRURGIEN FATIGUÉ !... SI VOUS ÊTES RÉELLEMENT MÉDECIN, VOS COMPÉTENCES DÉPASSENT LARGEMENT LES MIENNES ET J'AI BESOIN DE VOTRE AIDE !...
JE COMPRENDS, SIR !... BYAM VOUS A DIT LA VÉRITÉ ! JE VENAIS DE TERMINER MES ÉTUDES QUAND LA PRESSE M'A CAPTURÉ !...
J'AI PERDU MON BAGAGE, MAIS J'AVAIS MES DIPLÔMES ET MES TITRES UNIVERSITAIRES SUR MOI !... ILS SONT DANS MON COFFRE !...
MAIS POURQUOI N'AVOIR RIEN DIT ?!... VOUS AURIEZ DÛ PROTESTER !... DEMANDER À VOIR UN OFFICIER !...
J'AVAIS DES RAISONS PERSONNELLES !... ET PUIS VOUS N'ÊTES PAS SANS SAVOIR QUE PROTESTER POUR QUOI QUE CE SOIT EST UNE CHOSE DIFFICILE POUR UN SIMPLE MATELOT !...
JE VAIS RÉDIGER UN RAPPORT À L'ATTENTION DU COMMANDANT ET LUI EXPLIQUER LA SITUATION !... SI VOUS ACCEPTEZ, JE VOUS FERAI NOMMER AIDE-CHIRURGIEN À LA PLACE DE MAYS !...
SI MES COMPÉTENCES PEUVENT ÊTRE UTILES À L'ÉQUIPAGE, J'EN SERAI TRÈS HEUREUX, SIR !...
JE VOUS REMERCIE DE VOTRE COOPÉRATION, FENTON !... VOUS ME RENDEZ UN GRAND SERVICE !...

J'LA SENS PAS TROP, CETTE AFFAIRE, CHAPMAN !... T'ES SÛR DE TON COUP ?...
BOUCLE-LA, BUGSBY !... SI TU ÉTAIS MOINS STUPIDE, ON EN SERAIT PAS LÀ !...
ÇA VA !... APRÈS TOUT, LE JUGE, C'EST TOI QUI L'AS BUTÉ !...
ÇA NE T'AUTORISAIT PAS À JOUER SA TABATIÈRE CHEZ SNAITH, CRÉTIN !...
J'AVAIS PLUS QUE ÇA !... WOOD M'AVAIT TOUT PIQUÉ !... J'SUIS SÛR QU'IL TRICHAIT, CE FILS DE PUTE !...
ET PUIS JE ME SUIS DÉBROUILLÉ POUR M'EN DÉBARRASSER, DE WOOD !... J'POUVAIS PAS SAVOIR QUE FENTON ALLAIT RACHETER SON COFFRE !...
COUPER UNE MANOEUVRE POUR PRÉCIPITER TROIS PAUVRES GARS À LA MER, TU PARLES D'UN EXPLOIT !...
... FERME-LA MAINTENANT, QUELQU'UN VA FINIR PAR NOUS ENTENDRE !...
T'ES SÛR QU'IL SERA AUX POULAINES, FENTON ?... C'EST PEUT-ÊTRE UN PIÈGE !...
APRÈS LES DEUX AGRESSIONS DONT IL A FAIT L'OBJET, IL M'A FAIT SAVOIR QU'IL VOULAIT NÉGOCIER UNE TRÊVE !...
ET S'IL EST VENU AVEC LA CLIQUE DE BYAM ?...
J'EN AI PARLÉ À CARFAX !... IL A ACCEPTÉ DE NOUS COUVRIR AVEC SES HOMMES !...
SI L'ÉQUIPE DE BYAM CHERCHE LA BAGARRE, ON AURA L'AVANTAGE DU NOMBRE ET ON RÉCUPÉRERA AU MOINS LA TABATIÈRE !...
... ET SI FENTON EST VENU SEUL, ON LE PASSERA PAR-DESSUS BORD !...
PLUS PERSONNE NE POURRA ALORS NOUS ACCUSER DU MEURTRE DE CET ABRUTI DE JUGE QUI VOULAIT NOUS TIRER DESSUS À TEIGNMOUTH !...

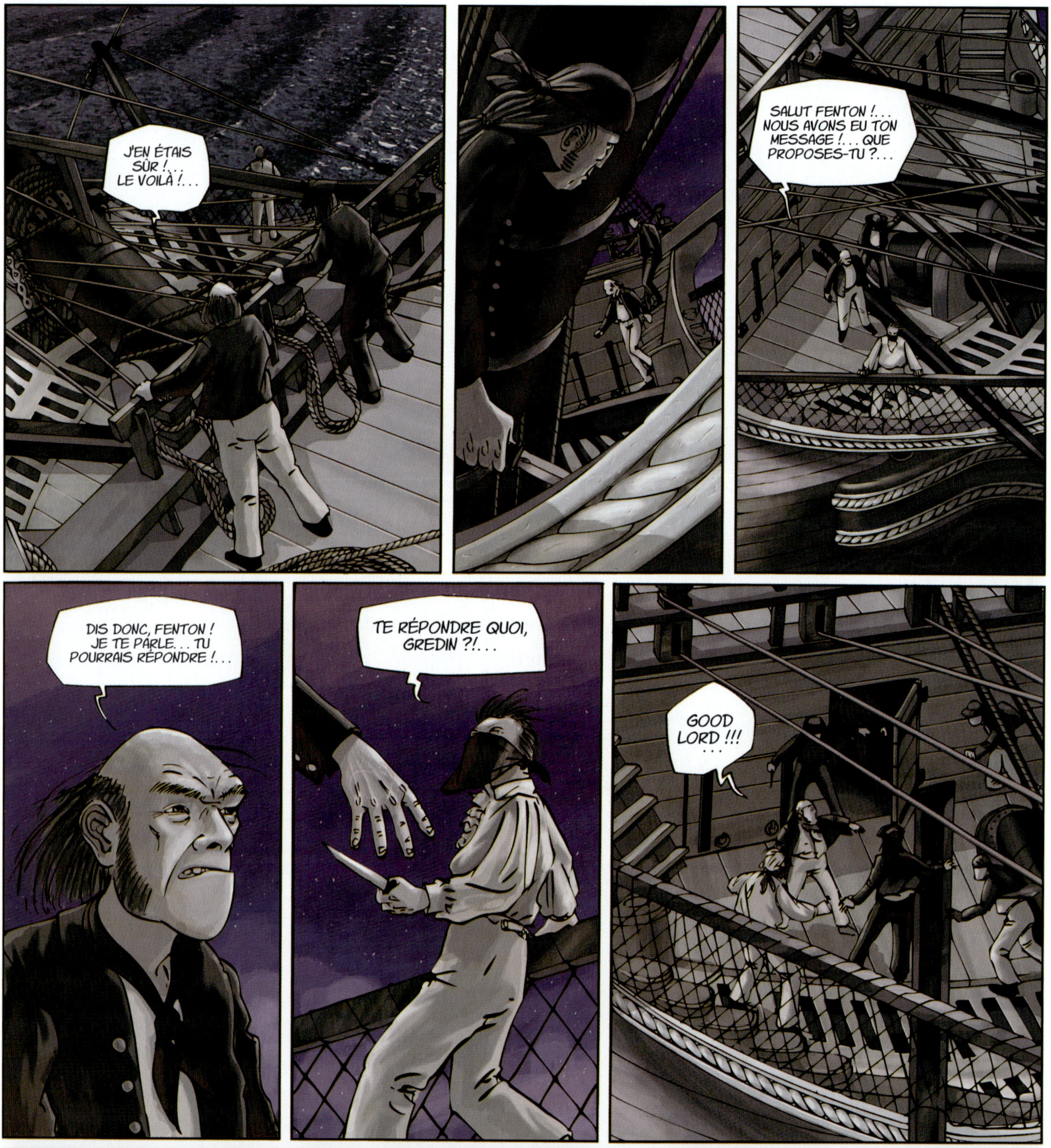
J'EN ÉTAIS SÛR !... LE VOILÀ !...
SALUT FENTON !... NOUS AVONS EU TON MESSAGE !... QUE PROPOSES-TU ?...
DIS DONC, FENTON ! JE TE PARLE... TU POURRAIS RÉPONDRE !...
TE RÉPONDRE QUOI, GREDIN ?!...
GOOD LORD !!! ...
AARRRH !
MAIS QU'EST-CE QUE...
46

HUMFFF !
ILS ONT LEUR COMPTE ?...
OUI SIR !... ILS SONT MORTS TOUS LES DEUX !...
TRÈS BIEN !... BALANCEZ-MOI CES ABRUTIS À LA MER !... POUR UN PEU, LEUR STUPIDITÉ ALLAIT NOUS FAIRE REPÉRER !...
...FAITES NETTOYER TOUT ÇA !... IL NE DOIT RESTER AUCUNE TRACE !...
...ET N'OUBLIEZ PAS CARFAX ! C'EST VOUS QUI LES AVIEZ RECRUTÉS !... VOTRE INCOMPÉTENCE ET VOTRE BÊTISE ONT FAILLI COMPROMETTRE NOTRE MISSION !...
...JE VOUS PRÉVIENS, AU PROCHAIN FAUX PAS, VOTRE GRANDE CARCASSE SERVIRA ELLE AUSSI DE PÂTURE AUX REQUINS !...
47

ALORS C'EST VRAI ?... TU VAS REMPLACER MAYS ?...
MC BRIDE EN A OFFICIELLEMENT FAIT LA DEMANDE AU COMMANDANT !... IL ATTEND LA RÉPONSE !...
BYAM !... IL FAUT QUE JE TE PARLE !...
... COMMENT TU AS PU ME FAIRE ÇA ?!... J'AVAIS CONFIANCE EN TOI !... EN TOUT CAS, NE COMPTE PAS SUR MOI POUR TE COUVRIR !...
MAIS DE QUOI TU ME PARLES À LA FIN ?!...
COMME SI TU N'ÉTAIS PAS AU COURANT !... CARFAX VIENT DE SIGNALER LA DISPARITION DE DEUX DE SES HOMMES À L'OFFICIER DE QUART !...
ET ALORS ?!... EN QUOI ÇA ME CONCERNE ?!...
IL S'AGIT DE BUGSBY ET D'UN CERTAIN CHAPMAN !... DEUX TERRIENS QUI SONT ARRIVÉS À BORD EN MÊME TEMPS QUE FENTON !... PROBABLEMENT CEUX QUE VOUS CHERCHIEZ !...
ET TU CROIS QU'ON LES A ÉLIMINÉS EN LES PASSANT PAR-DESSUS BORD ?...
CE N'EST PAS LE CAS ?...
CERTAINEMENT PAS !... JAMAIS JE N'AURAIS CAUTIONNÉ PAREIL CRIME !...
JE SUIS DISPOSÉ À VOUS CROIRE !... MAIS ALORS, QUE LEUR EST-IL ARRIVÉ ?... JE N'AI JAMAIS VU DES HOMMES DISPARAÎTRE COMME ÇA, PAR MER CALME !...
48

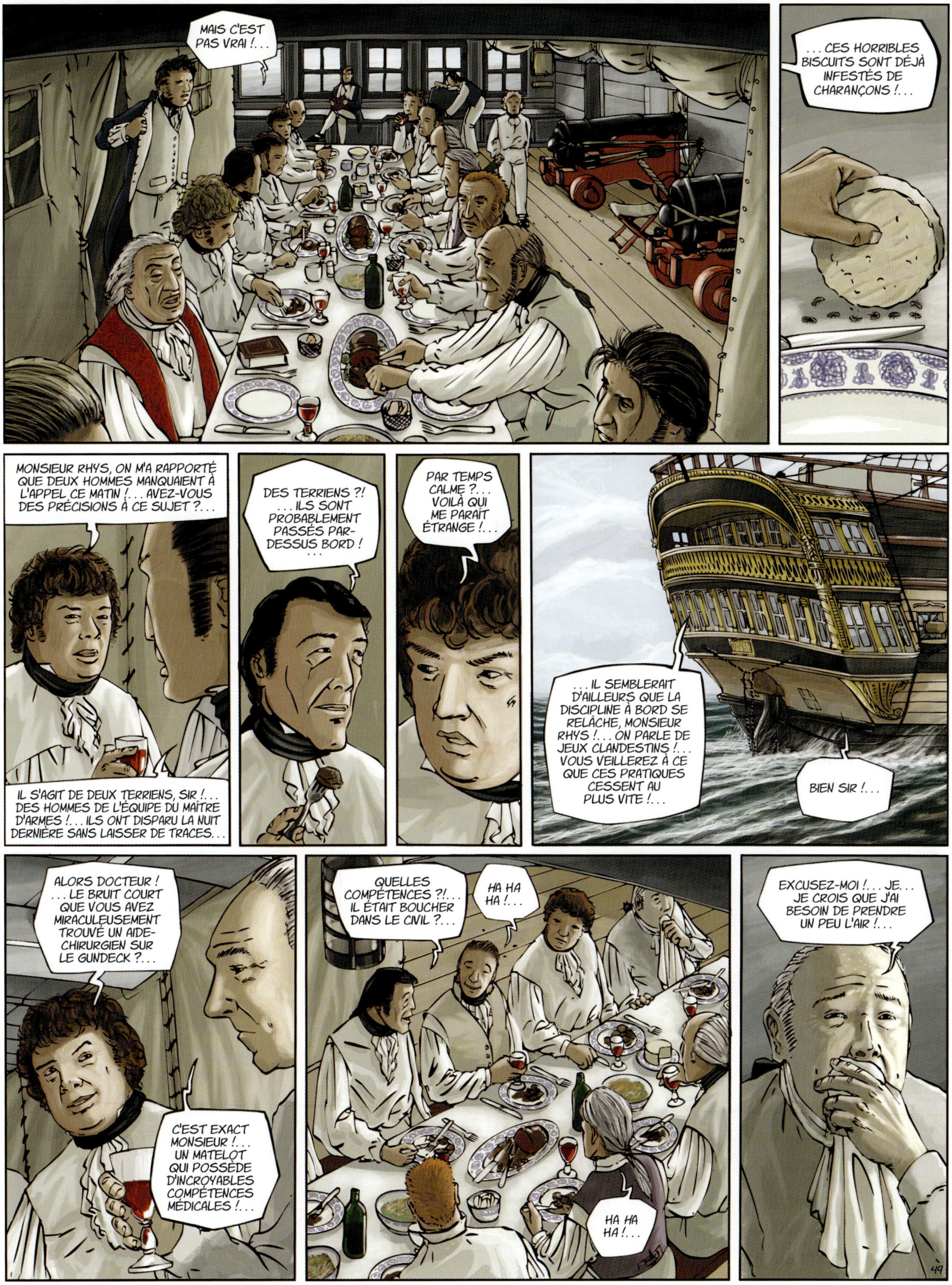
MAIS C'EST PAS VRAI !...
... CES HORRIBLES BISCUITS SONT DÉJÀ INFESTÉS DE CHARANÇONS !...
MONSIEUR RHYS, ON M'A RAPPORTÉ QUE DEUX HOMMES MANQUAIENT À L'APPEL CE MATIN !... AVEZ-VOUS DES PRÉCISIONS À CE SUJET ?...
IL S'AGIT DE DEUX TERRIENS, SIR !... DES HOMMES DE L'ÉQUIPE DU MAÎTRE D'ARMES !... ILS ONT DISPARU LA NUIT DERNIÈRE SANS LAISSER DE TRACES...
DES TERRIENS ?! ... ILS SONT PROBABLEMENT PASSÉS PAR-DESSUS BORD ! ...
PAR TEMPS CALME ?... VOILÀ QUI ME PARAÎT ÉTRANGE !...
... IL SEMBLERAIT D'AILLEURS QUE LA DISCIPLINE À BORD SE RELÂCHE, MONSIEUR RHYS !... ON PARLE DE JEUX CLANDESTINS !... VOUS VEILLEREZ À CE QUE CES PRATIQUES CESSENT AU PLUS VITE !...
BIEN SIR !...
ALORS DOCTEUR ! ... LE BRUIT COURT QUE VOUS AVEZ MIRACULEUSEMENT TROUVÉ UN AIDE-CHIRURGIEN SUR LE GUNDECK ?...
C'EST EXACT MONSIEUR !... UN MATELOT QUI POSSÈDE D'INCROYABLES COMPÉTENCES MÉDICALES !...
QUELLES COMPÉTENCES ?!... IL ÉTAIT BOUCHER DANS LE CIVIL ?...
HA HA HA !...
HA HA HA !...
EXCUSEZ-MOI !... JE... JE CROIS QUE J'AI BESOIN DE PRENDRE UN PEU L'AIR !...
49

ÇA NE VA PAS, DOCTEUR ? . . .
CE N'EST RIEN !. . . SANS DOUTE LE BOEUF SALÉ QUI PASSE MAL !. . .
ÇA Y EST, BUGSBY ET CHAPMAN SONT OFFICIELLEMENT PORTÉS DISPARUS !. . . L'OFFICIER DE QUART ESTIME QU'ILS SONT ACCIDENTELLEMENT TOMBÉS DU NAVIRE !. . .
QU'EST-CE QUE TU COMPTES FAIRE MAINTENANT ?. . .
QUE VEUX-TU QUE JE FASSE ?!. . . C'EST À CROIRE QUE LA GUIGNE S'ACHARNE SUR MOI !. . .
. . . J'IMAGINE QUE TANT QUE JE RESTE À BORD D'UN VAISSEAU DU ROI, JE NE RISQUE PAS GRAND-CHOSE ! . . . QUANT À REMETTRE UN JOUR LES PIEDS EN ANGLETERRE, AUTANT NE PLUS Y PENSER !. . .
50

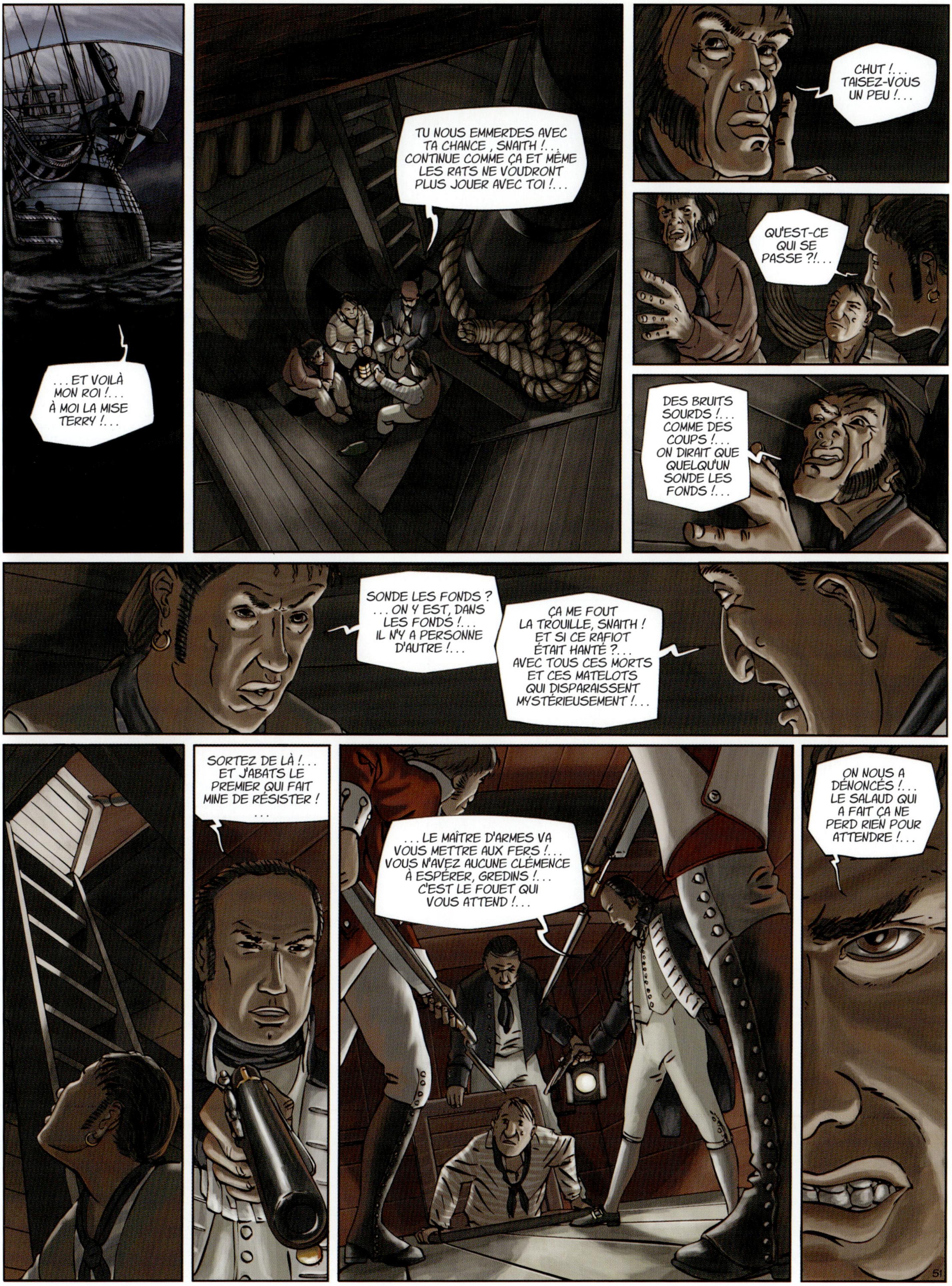
. . . ET VOILÀ MON ROI !. . . À MOI LA MISE TERRY !. . .
TU NOUS EMMERDES AVEC TA CHANCE , SNAITH !. . . CONTINUE COMME ÇA ET MÊME LES RATS NE VOUDRONT PLUS JOUER AVEC TOI !. . .
CHUT !. . . TAISEZ-VOUS UN PEU !. . .
QU'EST-CE QUI SE PASSE ?!. . .
DES BRUITS SOURDS !. . . COMME DES COUPS !. . . ON DIRAIT QUE QUELQU'UN SONDE LES FONDS !. . .
SONDE LES FONDS ? . . . ON Y EST, DANS LES FONDS !. . . IL N'Y A PERSONNE D'AUTRE !. . .
ÇA ME FOUT LA TROUILLE, SNAITH ! ET SI CE RAFIOT ÉTAIT HANTÉ ?. . . AVEC TOUS CES MORTS ET CES MATELOTS QUI DISPARAISSENT MYSTÉRIEUSEMENT !. . .
SORTEZ DE LÀ !. . . ET J'ABATS LE PREMIER QUI FAIT MINE DE RÉSISTER ! . . .
. . . LE MAÎTRE D'ARMES VA VOUS METTRE AUX FERS !. . . VOUS N'AVEZ AUCUNE CLÉMENCE À ESPÉRER, GREDINS !. . . C'EST LE FOUET QUI VOUS ATTEND !. . .
ON NOUS A DÉNONCÉS !. . . LE SALAUD QUI A FAIT ÇA NE PERD RIEN POUR ATTENDRE !. . .
51

JE M'APPELLE JOHN FENTON !... J'AI REÇU L'ORDRE DE ME PRÉSENTER CHEZ LE COMMANDANT FORESTER !...
SUIVEZ-MOI ! ... IL VOUS ATTEND !...
TOC TOC
JOHN FENTON EST ARRIVÉ SIR !...
TRÈS BIEN !... QU'IL ENTRE !...
J'AI ICI UN BIEN CURIEUX RAPPORT DANS LEQUEL MONSIEUR MC BRIDE ME DEMANDE DE VOUS NOMMER AU POSTE D'AIDE-CHIRURGIEN !...
PLUS SURPRENANT ENCORE, IL Y A JOINT CES DOCUMENTS DE L'UNIVERSITÉ DE CAMBRIDGE ATTESTANT VOTRE QUALITÉ DE MÉDECIN !...
... PUIS-JE ME FIER À CES DIPLÔMES, MONSIEUR FENTON ?... ÊTES-VOUS RÉELLEMENT MÉDECIN ?...
OUI SIR !...
52

VOYEZ-VOUS, MONSIEUR FENTON, IL Y A PLUS DE SEPT CENTS MARINS ET OFFICIERS SUR UN BÂTIMENT COMME CELUI-CI !... BEAUCOUP Y ONT ÉTÉ AMENÉS CONTRE LEUR VOLONTÉ...
LEURS CONDITIONS DE VIE SONT PRESQUE INHUMAINES !... ILS DOIVENT ACCEPTER UN TRAVAIL DANGEREUX ET HARASSANT, UNE PROMISCUITÉ OMNIPRÉSENTE, UNE NOURRITURE SOUVENT CORROMPUE...
ET COMME SI CELA NE SUFFISAIT PAS, ON LEUR DEMANDE EN PLUS DE RISQUER LEUR VIE AU COMBAT !...
VOUS N'AVEZ SANS DOUTE JAMAIS ASSISTÉ À UN COMBAT NAVAL, MONSIEUR FENTON, MAIS SACHEZ QUE CE NE SONT PAS FORCÉMENT CEUX QUI MEURENT QUI SONT LE PLUS À PLAINDRE !...
... LA PLUPART DE NOS HOMMES ACCEPTENT TOUT CECI AVEC COURAGE !... MAIS IL EST IMPORTANT POUR EUX DE SAVOIR QU'EN CAS DE NÉCESSITÉ UNE AUTORITÉ MÉDICALE SERA LÀ POUR LES AIDER !... EN TANT QUE MÉDECIN, VOUS DEVEZ COMPRENDRE CELA ?...
OUI SIR !...
IL EST TRÈS RARE DE DISPOSER D'UN VÉRITABLE MÉDECIN À BORD D'UN NAVIRE DE GUERRE !... NOUS DEVONS SOUVENT NOUS CONTENTER DE CHIRURGIENS DE MARINE...
... CE N'EST PAS QUE JE METTE EN DOUTE LEURS COMPÉTENCES QUAND IL S'AGIT DE SOIGNER DES BLESSURES OU D'AMPUTER QUELQUE MALHEUREUX !...
MAIS QUAND LES HOMMES SAURONT QUE NOUS AVONS UN VÉRITABLE MÉDECIN À BORD, CELA AURA UN EFFET POSITIF SUR LEUR MORAL !...
MONSIEUR MC BRIDE PRÉCISE DANS SON RAPPORT QUE, POUR DES RAISONS PERSONNELLES, VOUS N'AVEZ PAS JUGÉ UTILE JUSQU'À PRÉSENT DE NOUS SIGNALER VOTRE VÉRITABLE QUALIFICATION !...
ÊTES-VOUS PRÊT AUJOURD'HUI À REMPLIR LES FONCTIONS DE MÉDECIN DU BORD, MONSIEUR FENTON ?...
MÉDECIN ?!...
... MONSIEUR MC BRIDE PARLAIT DE L'ASSISTER EN TANT QU'AIDE-CHIRURGIEN !...
JE SAIS MONSIEUR FENTON !... MAIS C'EST D'UN MÉDECIN DONT J'AI BESOIN À PRÉSENT !...

SUIVEZ-MOI, MONSIEUR FENTON ! . . . VOUS ALLEZ COMPRENDRE ! . . .
. . . IL S'AGIT DU CORPS DE MC BRIDE ! . . . SON VALET L'A RETROUVÉ SANS VIE DANS SA CABINE CE MATIN ! . . .
EST-CE QUE VOUS POUVEZ DÉTERMINER LES CAUSES DE SON DÉCÈS ? . . .
IL FAUT QUE JE L'EXAMINE SIR ! . . .
UNE VÉRITABLE AUTOPSIE CONFIRMERA SANS DOUTE MON HYPOTHÈSE . . .
. . . MAIS JE SUIS PRESQUE SÛR QU'IL A ÉTÉ EMPOISONNÉ, SIR ! . . . QUANT À DIRE S'IL S'AGIT D'UN CRIME OU D'UN SUICIDE . . .
TRÈS BIEN ! . . . JE VAIS ORDONNER UNE ENQUÊTE AFIN DE TENTER DE RÉPONDRE À CETTE QUESTION ! . . .
VOYEZ-VOUS, DOCTEUR, IL SE PASSE ACTUELLEMENT DES CHOSES BIEN ÉTRANGES À BORD DE MON NAVIRE ! . . . LA VEILLE DE SA MORT, MC BRIDE AVAIT DEMANDÉ À ME VOIR, SANS DOUTE POUR ME DIRE CE QU'IL AVAIT DÉCOUVERT À CE SUJET ! . . .
JE N'AI MALHEUREUSEMENT PAS PRIS LA PEINE DE LE RECEVOIR ET DE L'ÉCOUTER ! . . .
54
. . . JE VOUS REMERCIE D'ACCEPTER CE POSTE DE MÉDECIN, DOCTEUR FENTON ! . . . SI UN COMPLOT SE TRAME À BORD DE LA DANAË, VOTRE AIDE ME SERA INFINIMENT PRÉCIEUSE ! . . .
VOUS POUVEZ COMPTER SUR MOI, SIR ! . . . JE FERAI TOUT MON POSSIBLE POUR VOUS AIDER À FAIRE ÉCLATER LA VÉRITÉ ! . . .